LES MUSICIENS CÉLÈBRES

HEROLD

LES MUSICIENS CÉLÈBRES

COLLECTION D'ENSEIGNEMENT ET DE VULGARISATION

Placée sous le Haut Patronage

DE

L'ADMINISTRATION DES BEAUX-ARTS

Parus :

Rossini, par Lionel DAURIAC.
Gounod, par P.-L. HILLEMACHER.
Liszt, par M.-D. CALVOCORESSI.
Gluck, par Jean d'UDINE.
Mozart, par Camille BELLAIGUE.
Schumann, par CAMILLE MAUCLAIR.

En préparation .

Chopin. — Wagner. — Auber. — Beethoven. — Schubert. — Berlioz. — Weber.

Par MM. Elie POIRÉE ; Louis de FOURCAUD ; Charles MALHERBE ; Vincent d'INDY ; BOURGAULT-DUCOUDRAY ; Henry MARCEL ; Georges SERVIÈRES.

LES MUSICIENS CÉLÈBRES

HEROLD

PAR

ARTHUR POUGIN

BIOGRAPHIE CRITIQUE

ILLUSTRÉE DE DOUZE REPRODUCTIONS HORS TEXTE

PARIS

LIBRAIRIE RENOUARD

HENRI LAURENS, ÉDITEUR

6, RUE DE TOURNON (VIᵉ)

Tous droits de traductions et de reproductions réservés

A Madame Adèle CLAMAGERAN

Née HEROLD

Hommage respectueux.

A. P.

HEROLD

I

Vers 1780 ou 1781 arrivait d'Alsace pour se fixer à Paris un excellent artiste, François-Joseph Herold, qui était né le 18 mars 1755 à Seltz, où son père, Nicolas Herold, cumulait la profession d'instituteur avec les fonctions d'organiste à l'église[1]. Élève d'abord de son père, il était allé ensuite se perfectionner en Allemagne et avait reçu à Hambourg, de Charles-Philippe-Emmanuel Bach, des leçons dont il sut profiter et qui firent de lui un artiste distingué. En arrivant à Paris, François-Joseph Herold y trouvait un compatriote et un ami qui l'y avait devancé, le grand pianiste Louis Adam (le père d'Adolphe Adam), alsacien comme lui, et qui s'y était fait déjà une brillante situation de professeur. Aidé de ses conseils, il se livra lui-même à l'enseignement du piano et y obtint un succès mérité, tout en publiant quelques compositions, entre autres des sonates de harpe et de piano. Au bout de quelques années il épousait, le 4 mars 1790, une charmante jeune per-

[1] Nicolas Herold, né à Seltz vers 1724, était mort lors du mariage de son fils. Je ferai remarquer ici que, à l'encontre de l'habitude prise, le nom d'Herold doit s'écrire sans accent : *Herold*, et non *Hérold*.

sonne de dix-neuf ans, Mlle Jeanne-Gabrielle Pascal, fille d'un médecin chirurgien, qui, le 28 janvier 1791, lui donnait un fils. Ce fils, appelé à de brillantes destinées et qui devait rendre glorieux le nom de sa famille, c'était Louis-Joseph-Ferdinand Herold, le futur auteur de ces trois chefs-d'œuvre *Marie*, *Zampa* et *Le Pré aux Clercs*. C'est lui qui fait l'objet de la présente étude.

François-Joseph Herold demeurait alors rue des Vieux-Augustins, dans la maison qui portait le n° 30 et qui devint par la suite le n° 10 de la rue d'Argout. C'est là que naquit l'enfant dont plus tard le génie devait se manifester avec tant d'éclat, l'artiste admirable dont la France est justement fière, et qu'une mort prématurée vint enlever avant qu'il ait pu donner la pleine mesure de son génie toujours grandissant[1].

[1] Cette maison, qui n'a subi depuis lors aucune reconstruction, avait été élevée, en 1787-1788, sur un terrain qui formait une dépendance de l'hôtel Chamillart. Lorsqu'en 1876 la Société des compositeurs de musique, sur la proposition expresse de l'auteur de ces lignes, membre de son comité, résolut de faire placer sur la façade de cette maison une plaque commémorative de la naissance de l'auteur du *Pré aux Clercs*, il ne fallut pas moins de dix-huit mois de recherches actives et minutieuses pour la retrouver avec certitude, le numérotage ayant changé plusieurs fois depuis 1791. On acquit enfin la preuve authentique que c'était bien celle qui occupait le n° 10 de la rue d'Argout, et qui appartenait à M. Hèvre, ancien député de Seine-et-Oise, maire de Mantes. C'est donc là que, le 28 janvier 1879, quatre-vingt-septième anniversaire de la naissance d'Herold, la Société des compositeurs, après avoir obtenu l'autorisation de M. Hèvre, fit placer une plaque de marbre noir portant, en lettres d'or, l'inscription suivante :

Dans cette maison est né
le 28 janvier 1791
Louis-Joseph-Ferdinand Herold
auteur de *Zampa* et du *Pré aux Clercs*.

C'est le premier hommage de ce genre qui, à Paris, ait été rendu à un musicien. Depuis lors, cette partie de la rue d'Argout a pris le nom de rue Herold.

Fils unique, doué d'une vive intelligence, toujours aimable et souriant, il n'est pas besoin de dire si cet enfant fut aimé, choyé et gâté par les siens. Ses dispositions musicales étaient grandes, et, élevé dans ce milieu tout spécial, il est évident qu'elles se donnèrent rapidement carrière. Le jeune Herold apprit le piano en se jouant, sans presque s'en douter, profitant à la fois des leçons de son père et de l'exemple de son parrain, qui n'était autre que Louis Adam. Dès l'âge de six ans, non seulement il était déjà un exécutant assez habile, mais il écrivait de petits morceaux de piano, et cet exercice lui formait la main en même temps qu'il fertilisait sa jeune imagination.

Toutefois, son père, qui tenait à ce que son instruction littéraire ne fût pas négligée, le plaça, dès l'âge de dix ans, dans l'un des meilleurs pensionnats de Paris, l'institution Hix, située aux Champs-Élysées, 3, rue de Matignon[1]. Son séjour dans cette pension n'était point pour détourner l'enfant de son goût pour la musique, car si celle-ci n'y faisait point partie intégrante de l'enseignement, elle y était cependant cultivée avec soin. Fétis, qui, fort jeune alors, y était professeur de solfège, a dit à ce sujet : « Ainsi que ses condisciples, Herold assistait aux leçons; mais ses progrès étaient bien plus rapides que ceux de tous les autres élèves; la nature l'avait fait musicien; il apprenait, ou plutôt, il devinait l'art en se jouant, et sans paraître se douter lui-même de sa destination. » Ce qui n'empêchait pas Ferdinand

[1] La famille Herold demeurait alors rue Montmartre, 99.

Herold d'être un brillant élève sous tous les autres rapports, et de faire honneur à ses maîtres. Dans le cours des cinq années 1802 à 1806, la liste de ses récompenses en porte le nombre à 27 : version et thème latins, version grecque, version et thème allemands, vers latins, vers français, etc. L'amour de la musique ne ralentissait donc en rien ses efforts relativement à d'autres genres d'études; et pourtant, ce culte de l'art qu'il chérissait par-dessus tout amenait des résultats assez rares, même chez ceux qui s'y livrent exclusivement. Ainsi, à la distribution des prix de 1802, l'enfant, alors seulement âgé de onze ans, faisait exécuter par ses camarades un morceau écrit expressément par lui pour la circonstance. Il y a mieux : dès cette époque il songeait vaguement au théâtre, et sans connaître encore aucune des règles de l'harmonie et de la composition, il écrivait des morceaux scéniques. C'était donc bien une vocation, et l'on va voir que ces essais ne lui furent pas inutiles et comment ils décidèrent de son avenir.

François-Joseph Herold, atteint de la maladie qu'il devait malheureusement léguer à son fils, la phtisie, s'éteignait, après avoir langui quelques mois, le 1er septembre 1802. Ce fut pour l'enfant un coup terrible, et on assure que sa douleur prit un caractère en quelque sorte farouche, dont ceux qui en furent témoins gardèrent longtemps le souvenir. Cet événement laissait la jeune veuve dans une situation qui, sans être absolument difficile, n'avait cependant non plus rien de brillant. Aussi, ses amis lui conseillaient-ils de retirer son fils de la pen-

HÉROLD
(D'après une lithographie de Louis Dupré. Bibliothèque de l'Opéra.

sion Hix et de profiter des bonnes dispositions de Chaptal, alors ministre de l'intérieur, qui, connaissant la famille et s'y intéressant, faisait proposer à Mme Herold un petit emploi de bureau pour l'enfant. Mais Mme Herold, qui connaissait ses goûts et ses désirs relativement à la musique, se souciait peu d'un tel avenir pour lui. Avant de prendre, sur les conseils qui lui étaient donnés, une résolution qui lui coûtait, elle voulut savoir à quoi s'en tenir de ce côté. Elle prit donc le morceau que Ferdinand avait écrit pour la distribution des prix de sa pension, y joignit les fragments scéniques que j'ai signalés, et alla soumettre le tout à Grétry, pour avoir son avis à ce sujet. Elle se présenta chez le vieux maître, lui fit part de l'objet de sa visite, et lui montra les essais de son fils, en le priant de lui dire ce qu'il en pensait. Grétry se prêta de bonne grâce à son désir, examina le tout avec attention, non sans laisser parfois échapper un sourire, puis il lui rendit les manuscrits en disant : « C'est plein de fautes, mais *c'est justement pour cela qu'il faut qu'il continue.* Soyez tranquille sur son avenir, votre fils fera un musicien. » Mme Herold rentra chez elle triomphante, bien décidée à laisser son fils terminer ses études à la pension Hix, et ayant un argument tout prêt à opposer aux objections de ses amis : l'avis de Grétry.

Voilà comment Herold échappa à la bureaucratie, qui d'ailleurs, on peut le croire, ne l'eut pas retenu longtemps.

Il continua brillamment ses études jusqu'à leur achèvement, en 1806. Et il ne perdit pas de temps pour se consacrer ensuite résolument à la musique, car, la distribution des prix ayant eu lieu à l'institution Hix le 27 août 1806, quarante jours après, le 6 octobre, il se faisait recevoir au Conservatoire, dans la classe de piano de son parrain Louis Adam. En même temps il prenait des leçons de violon de Rodolphe Kreutzer, et peu après devenait élève de Catel pour l'harmonie. Dès 1808 il obtenait un accessit de piano, l'année suivante un « premier second » prix, et en 1810 il remportait le premier, avec cette particularité, qui ne se reproduisit jamais au Conservatoire, qu'il exécutait comme morceau de concours une sonate de sa composition.

Je ne sais si Herold prit part, dans la classe de Catel, au concours d'harmonie. Cela ne me paraît pas probable, d'une part parce qu'il n'a obtenu aucune récompense de ce genre, de l'autre parce que, dévorant en quelque sorte ses études, il ne voulut pas perdre son temps en épreuves inutiles. C'est pourquoi, dès le mois d'avril 1811, il entrait dans la classe de composition idéale de Méhul, dont il devint bientôt l'élève préféré, et pour qui il se prit d'une affection toute filiale, affection qui lui était bien rendue, car Méhul, qui avait foi dans l'avenir et dans le génie d'Herold, l'aima comme un fils et le considéra comme son successeur dans l'estime du public. Dès ce moment il écrivait beaucoup, et l'on connaît de lui à cette époque, entre autres compositions, une Fantaisie pour piano, une œuvre de trois sonates, une autre de trois caprices, et aussi un concerto avec orchestre, qu'il exécuta lui-même, au Théâtre-Italien, dans un concert donné par le grand chanteur Tacchinardi (6 avril 1812), et qui lui valut un double succès de compositeur et de virtuose. Tout cela ne l'empêchait pas de tenir, comme répétiteur, une classe de solfège au Conservatoire, et de remplir les fonctions d'accompagnateur de la classe de déclamation lyrique.

Mais Herold n'avait qu'une pensée, qu'un but, qu'un désir : le théâtre! Il se sentait né pour la scène, et tout ce qu'il écrivit d'autre part fut toujours pour lui secondaire. Dans cet état d'esprit, on comprend quel bonheur ce fut pour lui qu'un maître tel que Méhul. Le grand homme l'avait pris, je l'ai dit, en vive affection. Nous n'avons point, en dehors de la tradition connue, de détails particuliers sur les rapports de l'élève et du maître, et sur la façon dont s'accomplit, sous la direction de celui-ci, l'éducation musicale de celui-là. Il est facile de penser, toutefois, quelle put être l'influence de l'auteur d'*Ariodant* et de *Joseph* sur la jeune imagination de l'artiste qui devait enfanter plus tard de si admirables et de si parfaits chefs-d'œuvre; il est certain que pour la science de l'harmonie, pour la coupe des morceaux, pour l'entente scénique et le mouvement dramatique, les conseils et les leçons de Méhul durent être singulièrement profitables à Herold. « Les leçons de ce grand artiste, dit Fétis, et peut-être plus encore sa conversation piquante et remplie d'une spirituelle raison, exercèrent la plus heureuse influence sur le développement des facultés d'Herold. Ses progrès furent ceux d'un homme né pour être artiste, et une année et demie d'étude lui suffit pour être en état de disputer et d'obtenir le premier grand prix de composition musicale au concours de l'Institut, au mois d'août 1812. »

La cantate du concours de Rome n'était pas alors ce qu'elle est aujourd'hui, où elle compte trois personnages et forme au moins une sorte de réduction de poème dramatique, quelque chose comme un acte d'opéra sans chœurs. Ce n'était à l'origine qu'une simple scène lyrique pour une seule voix, où, par conséquent, il était difficile d'apporter de la variété. J'ajoute que le texte de celle du concours de 1812, intitulée *Mademoiselle de La Vallière* et due au prétendu poète L'Œillard d'Avrigny, était simplement exécrable et peu propre à échauffer l'imagination des jeunes compositeurs. J'aurais mauvaise grâce à affirmer qu'Herold en fit un chef-d'œuvre, et j'exagérerais en déclarant qu'on trouve dans sa partition la trace du génie brûlant et passionné dont plus tard il devait donner tant de preuves. Mais on peut dire du moins de cette partition qu'elle est écrite avec sûreté et élégance, que déjà elle renferme en germe cette qualité si rare qui distinguera Herold par la suite — le style, qu'elle a du mouvement et de l'animation, et qu'enfin l'un des trois morceaux qui la composent, celui que l'auteur a qualifié de *cantabile*, écrit sur un rythme à la fois caressant et coloré, est tout à fait aimable et d'un tour plein de grâce[1].

[1] Avec l'autorisation de M. Herold fils, j'ai publié ce morceau dans le Supplément de la *Revue et Gazette musicale* du 30 mai 1880. Le manuscrit autographe de la partition de *Mademoiselle de la Vallière* est à la bibliothèque du Conservatoire.

C'est le 3 octobre qu'eut lieu à l'Institut la séance solennelle de la distribution des prix, et c'est l'admirable Mme Branchu, à cette époque la gloire de l'Opéra, qui avait bien voulu se charger de chanter la cantate d'Herold, dont le succès fut complet. Quelques semaines après, le 18 novembre, celui-ci quittait Paris pour se rendre à Rome, en compagnie des jeunes artistes qui, ainsi que lui, venaient d'obtenir le grand prix, c'est-à-dire le peintre Pallière, l'architecte Suys et le graveur Eugène Bourgeois. Seul, Rude, le grand sculpteur, n'était pas du voyage et n'allait pas en Italie. Pour ce qui est d'Herold, il n'était que temps pour lui de partir. Doublement exempté du service militaire, d'abord comme fils de veuve, ensuite en qualité de grand prix de l'Institut, il fut cependant requis pour être incorporé dans la garde d'honneur. Fort heureusement il était déjà en route, et lorsqu'on se présenta chez lui, l'oiseau était déniché.

II

Quoique le premier séjour qu'il fit à Rome n'ait pas dépassé une année, Herold s'y lia tout d'abord d'une étroite amitié avec trois des pensionnaires qu'il trouva à l'Académie de France : Chelard, le compositeur, le peintre Drolling et David (d'Angers), qui, lors de son retour de Naples, fit son médaillon, l'un des plus beaux qu'on ait de lui[1]. Mais il est juste de dire qu'à peine arrivé, il se

---

[1] Ce médaillon est daté par David : — *Roma, 1815.*

mit activement et résolument au travail. Il écrivit
d'abord une symphonie (en *ut* majeur), puis un Hymne
sur *la Transfiguration*, à quatre voix avec orchestre.
Ces deux compositions importantes, dont la première
est datée d'avril, la seconde de juin 1813, constituèrent
son premier envoi réglementaire à l'Institut, qui fut
l'objet d'un rapport très élogieux[1]. En même temps qu'il
travaillait ainsi, Herold avait l'esprit ouvert à toutes les
manifestations artistiques qui se produisaient à Rome.
Fréquentant tour à tour l'église et le théâtre, appré-
ciant les compositeurs anciens ou nouveaux, écoutant à
Saint-Pierre les grandes œuvres religieuses des maîtres
disparus dont la tradition était encore vivante, admirant
à la scène les belles productions de Paisiello, de
Guglielmi et de Cimarosa, comparant et pesant dans son
esprit le génie et les qualités diverses de tous ces grands
artistes, faisant un examen attentif du talent des interprètes chargés de l'exécution de leurs œuvres, ne laissant enfin rien échapper aux réflexions de son esprit
sérieux et méditatif, il mettait le temps à profit et
acquérait une expérience dont les résultats ne devaient
pas tarder à se faire sentir.

Cependant, le séjour de Rome étant peu favorable à
sa santé, qui fut toujours délicate, Herold ne tarda pas
à former le projet de s'en éloigner pour aller s'installer
à Naples. Dès la fin de septembre 1813 il mit ce projet
à exécution, sans se douter certainement que les suites

---

[1] Les manuscrits de ces deux compositions se trouvent à la bibliothèque du Conservatoire.

FRONTISPICE DU LIVRET IMPRIMÉ DES *Rosières*.
(Collection de M. Arthur Pougin.)

en seraient pour lui si heureuses, et il arriva à Naples le 30 du même mois. C'est à Naples, en effet, qu'il était appelé à faire, lui, Français, ses débuts de compositeur dramatique, et qu'il devait se produire pour la première fois à la scène.

Il avait eu la précaution de se munir de bonnes lettres de recommandation, d'abord pour les deux maîtres illustres qui étaient alors la gloire de ce pays, Paisiello et Zingarelli, et aussi pour des personnages influents à la cour, cour alors toute française, puisque le roi de Naples n'était autre que Joachim Murat. Bien accueilli dès son arrivée, reçu avec égards par tous les artistes, italiens ou français, il se vit bientôt appelé à prendre part à un concert donné devant la famille royale, et son succès fut tel que la reine lui confia immédiatement l'éducation musicale des deux jeunes princesses, ses filles, avec un traitement de 5.000 francs. C'était bien commencer. Le séjour de Naples l'enchantait d'ailleurs, et sa correspondance avec sa mère est pleine d'effusions à ce sujet. « La ville de Naples, lui écrivait-il, me plaît extraordinairement. L'air est vif ; la vue de la mer me ravit tous les jours. Je n'ai pas été malade à Rome, mais je ne m'y suis jamais très bien porté ; j'étais lourd, endormi ; ici je me sens renaître... » Herold se laissait vivre là, mollement et joyeusement, enivré par ce climat merveilleux, bercé par la vue des vagues et du ciel bleu, et les premiers mois de son séjour à Naples s'écoulèrent dans un *dolce far niente*, que pourtant il interrompit bientôt pour se remettre au travail avec son activité ordinaire; si bien que pour son envoi de seconde année il adressa à l'Institut une seconde symphonie, trois quatuors pour instruments à cordes et une scène italienne avec chœurs. « La symphonie que j'envoie à l'Institut, dit-il dans une lettre à sa mère, a été jouée trois fois ici avec succès, par un orchestre médiocre; mes quatuors se jouent beaucoup et ont fait assez de plaisir... » Mais ces compositions instrumentales ne l'empêchent pas de penser toujours au théâtre, qui reste son objectif obstiné. « Tu as l'air de craindre, écrit-il encore à sa mère, que je reste loin de Paris plus que mon temps. Ne crains rien; j'ai trop d'envie d'y revenir pour faire une pareille sottise. J'avoue que je mène une vie trop heureuse; mais je pense à toi, à mes amis et à ma future réputation; je veux me la faire à Paris, sur les planches de l'Opéra ou de Feydeau... »

Herold parle ici, on le voit, non seulement de l'Opéra-Comique, mais de l'Opéra. Cette préoccupation de l'Opéra est constante de sa part, et se retrouve à chaque instant dans sa correspondance. Dans une nouvelle lettre, il écrit à sa mère : « Je profiterai de tes conseils; je tâcherai de faire dans le genre de Boieldieu; pourtant, *le grand opéra me semble plus dans mes moyens.* » Ainsi, il faisait de ce théâtre l'objet et le but de ses désirs, de ses plus chères espérances; il sentait que c'était de ce côté surtout que le portaient son tempérament ardent, son génie passionné, son sentiment pathétique et grandiose. Ce dut être le déboire le plus cruel de sa vie que de ne pouvoir se trouver aux prises avec un sujet vaste et digne de ses nobles facultés, sur une scène où les ailes de sa muse virile eussent pu prendre leur pleine envergure et se déployer en toute liberté. Il faut le plaindre sincèrement quand on songe qu'il n'a pu, malgré ses désirs et ses aspirations légitimes, se produire sur notre grande scène lyrique qu'avec un ouvrage sans consistance comme *Lasthénie*, un opéra de circonstance comme *Vendôme en Espagne* et quelques ballets !

Et cependant, il avait à ce sujet des idées bien nettes, qu'il nous dévoile encore dans une lettre à sa mère, en lui parlant d'un de ses amis, Goupy, ancien camarade de la pension Hix, qui fut plus tard agent de change et qui peut-être alors s'occupait un peu de littérature : «... J'attends une lettre de Goupy. Tu peux lui dire que ce qui me fait beaucoup désirer sa lettre, c'est que dans ma réponse je lui parlerai d'un plan d'opéra magnifique, et que je trouve incomparable, puisque c'est moi qui l'ai conçu. Tu juges que cela doit être beau, et tu ne te trompes pas. Ce sera au moins le rival heureux d'*OEdipe*[1], un beau sujet antique, bien simple, d'une marche rapide, d'une action bien suivie ; point de prestiges de décorations, point de grands ballets ; trois actes bien courts, mais bien vigoureux ; enfin, c'est un opéra dont tout le mérite doit être dans les paroles et la musique. Voilà de quoi nous faire avoir chacun un prix décennal et l'entrée de l'Institut. » On voit que, comme je le disais, il avait sur ce point des idées nettes, et que sa poétique n'était

---

[1] *OEdipe à Colone*, opéra de Sacchini, chef-d'œuvre d'une beauté incomparable.

pas à dédaigner. Un jeune artiste à peine âgé de vingt-trois ans, qui rêve un grand opéra sans décors, sans luxe accessoire, sans mise en scène, sans ballets, un opéra « dont tout le mérite doit être dans les paroles et la musique, » voilà qui n'est point commun, et qui dénote un tempérament remarquable.

Mais tandis qu'il songeait à son avenir en France, Herold n'oubliait pas le présent, et une idée venait germer peu à peu dans son cerveau : celle d'écrire, lui, Français, un opéra italien, et de le faire représenter à Naples. Le succès qu'obtenaient à l'Institut ses envois réglementaires et les éloges qu'ils lui valaient ne faisaient qu'aiguillonner son ambition. Son second envoi surtout avait été l'objet d'un rapport singulièrement flatteur et encourageant : « Nous avons reçu de M. Ferdinand Herold, disait le rapporteur, une *scène italienne* avec des chœurs, une *symphonie* et *trois quatuors*. On ne doit que des encouragements et des éloges à ce jeune compositeur. La section de musique a été très satisfaite de ces morceaux. Elle a reconnu dans les quatuors des idées piquantes et neuves; dans la scène, de l'expression et de la mélodie; dans la symphonie, de l'énergie et de l'originalité; et dans tout, une manière d'écrire large, correcte et facile, qui confirme et accroît les heureuses espérances que la classe avait déjà conçues de M. Herold. » Ces éloges étaient mérités, et la scène italienne surtout, épisode foncièrement dramatique, était remarquable sous tous les rapports et contenait, entre autres, un air de soprano superbe, au début plein d'audace et de puissance, au mouvement plein d'emportement, qui suffisait à lui seul pour indiquer les aptitudes d'Herold pour la scène et son sentiment du grand drame lyrique.

Ce n'est cependant pas une œuvre pathétique qu'il se proposait d'écrire pour Naples. Il désirait un opéra de genre, varié, mêlé de tendresse et de gaîté, quelque chose qui se rapprochât du caractère de notre opéra-comique. La difficulté était tout d'abord pour lui de se procurer un poème. A force de chercher sans rien trouver, l'idée lui vint de prendre une comédie française et de l'adapter au genre lyrique. Il s'arrêta à une pièce d'Alexandre Duval, *la Jeunesse de Henri V*, qui avait obtenu quelques années auparavant un très grand succès au Théâtre-Français. Il arrangea son livret lui-même, réduisit à deux les trois actes de la comédie, puis fit écrire les vers italiens par un poète nommé Landriani et se mit bravement à faire sa musique, sans même savoir si l'ouvrage aurait quelque chance d'être représenté. Il se disait sans doute, et avec raison, que le plus important, quand il s'agit de faire jouer un opéra, c'est d'abord de l'avoir écrit.

C'était là le grand et dernier effort qu'il voulait faire à Naples, avant de quitter cette ville où il se trouvait si heureux. Dans une lettre intéressante à un de ses amis, Auzou, il expliquait sa situation et parlait de ses projets prochains : — « ... Pendant que tant d'événements étranges, disait-il, se passaient là-bas[1], de mon côté

---

[1] A Paris. Il est bon de remarquer que cette lettre est datée du 20 septembre 1814.

j'ai fait un chemin tout semé de fleurs. Je quitte Rome il y a un an, j'arrive à Naples, je joue devant la reine, elle a la bonté de m'accueillir, me nomme maître de piano et d'harmonie des deux princesses, et me voilà en peu de jours pourvu de 5.000 francs par an. Cela n'est pas trop bête, pour un pensionnaire musicien ! J'ai été bien heureux, car depuis sept à huit mois je n'entends pas parler de ma pension de Rome... Et toutes ces belles choses, et mes 5.000 francs, je les abandonne dans quatre mois pour visiter le reste de l'Italie et une partie de l'Allemagne. Il me faudra beaucoup de courage pour exécuter un pareil projet, mais je l'aurai. Je veux retourner dans notre bon pays, jeune encore. *C'est là que je veux travailler pour la gloire.* En attendant, je désirerais bien faire un opéra, et j'espère que j'en viendrai à bout malgré une aimable quantité de personnes qui feront tout pour m'empêcher d'approcher de la scène. Mais il ne faut se laisser effrayer de rien... »

Ces derniers mots font connaître qu'il savait à quoi il s'exposait, qu'il s'attendait à rencontrer de toutes parts des résistances ouvertes ou cachées, qu'il n'ignorait pas que le seul titre de Français ferait naître sous ses pas des obstacles sans nombre et toujours renaissants. Mais il était bien décidé à lutter avec énergie, à tout faire pour en venir à ses fins, et il y réussit en dépit de toutes les hostilités, de tous les mauvais vouloirs, même de toutes les petites canailleries dont, jusqu'au dernier moment, il devait être la victime. Son opéra, *la Gioventù di Enrico quinto*, reçu au théâtre du Fondo, la seconde scène lyrique de Naples, avait pour principal interprète le fameux Garcia, le père de la Malibran. C'est le 5 janvier 1815 qu'eut lieu la première représentation, en présence de toute la cour, et le succès fut complet, et ce succès s'affermit aux représentations suivantes. Après, comblé de joie, l'avoir annoncé rapidement à sa mère dès le premier soir, il lui en parlait de nouveau dans une lettre du 17 janvier : — « ... Parlons par ordre. D'abord, la chose importante, la grande affaire pour moi, mon opéra. Il va son train. Les connaisseurs le goûtent. A la dernière représentation, qui a eu lieu dimanche dernier, la salle était comble. La cour y est venue, un peu tard, mais elle y est venue... Quoi qu'on puisse objecter à ma musique, *il n'en est pas moins vrai que mon opéra est au répertoire, et qu'on le donne souvent; et je suis le seul Français qui ait eu un succès depuis cinquante ans en Italie.* Tu me trouveras peut-être un peu orgueilleux, mais je t'assure que cela m'arrive si rarement que je puis bien me le permettre une fois... »

Herold, malgré tout, ne s'en faisait pas accroire, et ne s'imaginait nullement avoir fait un chef-d'œuvre ; sa correspondance, que j'ai sous les yeux, est convaincante à cet égard. Il n'en avait pas moins beaucoup de raisons d'être et de se montrer satisfait. Mais une fois obtenu, et dans des conditions aussi brillantes que possible, le résultat qu'il avait ambitionné, il ne voulut pas perdre son temps à Naples. Avec son sens inné de la scène et des conditions qu'elle exige impérieusement, avec son tempérament passionné et ses facultés proprement dramatiques, il avait jugé l'opéra sérieux italien à sa juste valeur, et tout en rendant justice à sa richesse mélodique, il en avait constaté le laisser-aller imperturbable, le manque de profondeur et les traditions parfois ridicules. Il espérait trouver mieux dans la patrie de Gluck et de Mozart, et pensait n'avoir plus rien à apprendre en Italie. Il songeait donc à retourner promptement à Rome, pour y passer quelques semaines, puis à revenir en France en traversant à loisir une partie de l'Allemagne.

III

Il quitta Naples en effet vers la fin de février (1815), et arriva le 4 mars à Rome, où ses camarades de la villa Médicis, qui avaient appris son succès, le reçurent comme un triomphateur. Il n'y voulait rester que peu de temps, et comptait partir promptement pour l'Allemagne. Après quelques semaines, en effet, il s'éloignait définitivement de l'Italie et se dirigeait sur Vienne, où il arrivait le 31 mai.

Il resta deux mois environ à Vienne, qui ne furent pas perdus pour lui, car il savait voir, entendre et juger. Il s'empressa, naturellement, d'aller au théâtre, où il assista d'abord à la représentation d'un opéra de Gyrowetz, *Agnès Sorel*. « Musique charmante, dit-il, pleine de goût, de délicatesse et de science. L'orchestre est excellent, peu nombreux, peu bruyant; les chanteurs chantent juste, un ensemble parfait. » Puis, son journal[1] nous parle d'un ouvrage de Salieri et d'un opéra de Weigl : « Hier, j'ai entendu *Palmira*, bel ouvrage du grand Salieri. On y retrouve sa manière ; tout pour la scène : des morceaux courts, bien coupés, bien vigoureux, et souvent des phrases délicieuses. Il y a, au commencement du second acte, un air de femme sublime, qui m'a fait la plus grande impression. Ce soir, j'ai entendu le *Bergsturz*, musique délicieuse de Weigl. Si cela continue, ça va bien. Tout me paraît charmant. »

Son impression relative à Mozart est d'abord singulière. Il entend *Don Juan*, et n'en est pas autrement frappé : « J'ai entendu la musique de Mozart à Paris, à Naples, à Vienne, et plus je l'entends, *plus je me convaincs qu'elle fait mieux au piano qu'au théâtre.* » Ceci est presqu'une hérésie. Avec *les Noces de Figaro* il se retrouve : « J'ai vu hier *les Noces de Figaro*. J'ai été extrêmement content... A Naples, la musique de *Figaro* m'avait paru un peu cuivrée ; ici, elle m'a paru seulement très harmonieuse. » Enfin *la Flûte enchantée* le convertit absolument : « Je viens d'entendre *la Flûte enchantée*, et elle m'a moi-même enchanté. La musique est vraiment délicieuse. »

Il va sans dire que pendant les quelques semaines qu'il passa à Vienne (il y resta jusqu'au 22 juillet), Herold fréquenta beaucoup d'artistes. Celui qu'il voyait

---

[1] Herold, pendant tout le temps de son séjour hors de France, tint régulièrement un journal de tout ce qu'il voyait et de ce qui l'intéressait personnellement. Une partie de ce journal, très attachant, a malheureusement disparu.

le plus souvent et le plus volontiers était Salieri, pour lequel il avait autant de respect que d'admiration. « J'ai passé, dit-il un jour, trois heures au piano avec l'étonnant M. Salieri; il m'a fait lire plusieurs de ses ouvrages, et entre autres des canons pleins de gaieté et d'esprit, dont, pour la plupart, il a fait lui-même les paroles et la musique. C'est un homme qu'on ne peut se lasser d'admirer. Je ne sais si c'est parce qu'en particulier je lui ai de grandes obligations, mais j'ai une sorte de vénération pour lui. Ce qu'il dit est si vrai, si spirituel! A son âge, il chante et accompagne fort bien. » Une autre fois, ce n'est plus Herold qui se rend chez Salieri; c'est l'auteur de *Tarare* lui-même qui va faire visite à son jeune ami, lequel marque cette belle journée d'une croix blanche et laisse gentiment déborder son enthousiasme : « Par exemple, s'écrie-t-il cette fois, je suis trop fier ce soir pour ne pas conter le sujet de mon orgueil! Voyez-vous cette chambre (qui n'a pas été très bien rangée, quoique ma propriétaire soit extraordinairement propre; mais je suis rentré deux ou trois fois aujourd'hui)?... Eh bien, cette chambre, elle a été honorée ce soir, mercredi 5 juillet, de la visite de M. Salieri! Ce dernier des Romains est venu sans aucune façon me voir ce soir, a joué sur mon mauvais piano, m'a fait jouer une scène de ma composition; et quand j'ai eu fini de lui déchirer les oreilles, nous avons été, en compagnie d'un jeune Allemand qui se trouvait chez moi, nous avons été... où?... vous le dirai-je?... au cabaret!... »

Un autre artiste, qu'Herold fréquenta aussi pendant

son séjour à Vienne, c'est le grand pianiste Hummel, qu'il avait eu un instant la crainte de ne pouvoir connaître : — « J'étais désespéré, dit-il, de penser à quitter Vienne sans avoir entendu son plus bel ornement : Hummel. Il était en voyage, et mon bonheur a voulu qu'il revînt il y a quelques jours. Je l'ai entendu quatre fois. C'est le meilleur enfant du monde. Ce matin j'ai passé trois heures avec lui, à son piano ; il a préludé près d'une heure, et j'étais ravi. Nous avons chanté toute une messe de lui ; il m'a joué un concerto manuscrit, deux fantaisies, des variations, et enfin, tout ce que j'ai voulu. Je suis fâché de penser à le quitter ; mais il viendra voir Paris dans un an. »

Quant à Beethoven, pour qui Herold avait une lettre d'introduction, celui-ci l'effrayait, et il n'osa se présenter à lui. « Il est malheureusement sourd, dit-il, et farouche comme sa figure. Je l'ai vu dans une maison ; il n'a pas voulu jouer du piano et l'on n'a pas insisté beaucoup, parce que l'on sait qu'il ne jouerait pas pour l'empereur du Maroc quand cela ne lui convient pas... »

On voit qu'Herold, s'il ne composait pas, ne perdait pourtant pas son temps à Vienne. Curieux de tout voir, de tout entendre, allant sans cesse au théâtre, frayant avec les artistes ses confrères, donnant même quelques leçons de piano, il menait, en somme, une existence très active, ce qui ne l'empêchait pas de penser toujours à Paris et de songer aussi toujours au théâtre. « Je suis presque décidé à partir, écrit-il un jour, car l'envie me vient tous les jours davantage d'écrire un nouvel opéra, et il n'est pas avantageux pour moi d'en écrire un ici, parce que, s'il réussissait, on ne le donnerait certainement pas en France, au lieu que, si j'en fais un bon à Paris, je suis presque sûr qu'on le donnera ensuite à Vienne. »

D'ailleurs, s'il ne travaillait point de façon effective, Herold n'en avait pas moins l'esprit toujours en éveil, toujours en mouvement, et son temps n'était perdu ni pour la méditation, ni pour la réflexion. Il est facile de s'en convaincre à la vue d'un petit calepin qui porte la date de « Vienne, 1815 », et sur la première page duquel il a inscrit ces mots : *Cahier rempli de sottises plus ou moins grandes, rassemblées en forme de principes par moi*. Ces prétendues sottises sont ou des remarques, ou des réflexions, ou des préceptes formulés par le jeune artiste, couchés au hasard sur le papier, sans ordre ni méthode, pour son seul usage, et qui étaient le fruit soit de son expérience précoce, soit du travail incessant de son esprit, soit de l'étude comparative qu'il avait faite des moyens employés et des résultats obtenus par les différentes écoles musicales. Quelques-unes de ces pensées se distinguent par leur caractère personnel; quelques-uns de ces préceptes sont remarquables par leur justesse, leur solidité ou leur profondeur, surtout si l'on songe qu'ils sortaient du cerveau d'un jeune artiste de vingt-quatre ans ; il prouve que celui-ci ne considérait point l'art comme un jeu futile et un simple délassement, que chez lui le génie de l'inspiration était fécondé par une méditation incessante, et qu'enfin le poète, fortifié en lui par le chercheur, savait allier à la faculté créatrice le sentiment raisonné et l'étude passionnelle qui, en doublant l'action expansive de l'imagination, lui donnent toute la force et toute la puissance dont elle est susceptible.

L'objectif d'Herold étant toujours le théâtre, la plupart des « sottises » dont son cahier est couvert se rapportent à la musique dramatique, considérée soit à son point de vue élevé, c'est-à-dire dans la conception, soit à son point de vue pratique, c'est-à-dire dans les procédés matériels. Voici tout d'abord, en ce qui concerne le tempérament du musicien dramatique, quelques réflexions dont on pourrait recommander la lecture à plus d'un de nos compositeurs :

« Si l'on ne va à l'Opéra que pour entendre de la musique, il vaut mieux aller au concert. Le musicien tragique doit chanter partout, mais convenablement à la situation. — Pourquoi ne pas employer plusieurs styles dans un grand ouvrage? un grand prêtre peut chanter à la manière ancienne, et d'autres à la moderne. — Le poète comico-lyrique ne doit pas peindre les mœurs, ni les caractères; son comique doit être de situation, de pantomime et d'optique; il doit parler aux yeux, non à l'esprit. — Il faut au musicien tragique l'inspiration et le génie; sans cela, bonsoir! Si son talent ne monte pas sur le trépied, s'il ne perd pas la tête, s'il n'a pas le diable au corps... il pourra faire de jolie musique comique. »

Sur la poétique générale de l'art :

« Voir tout en grand; ne penser aux détails que lorsque le plan est bien fixé. — Songer aux auditeurs que l'on doit avoir : se mettre à la place d'un grand homme, et se demander ce qu'il devrait penser de telle ou telle chose. — Penser aussi à n'écrire pour les voix ni trop haut ni trop bas. — *Que les chants partent de l'âme pour arriver à celle des auditeurs.* »

Sur le style de la musique dramatique :

« Tâcher de prendre un juste milieu entre la musique vague de Sacchini et la vigueur de Gluck. — Penser souvent à Mozart, à ses beaux airs de mouvement.

« Bien examiner le caractère de la scène : si la langueur, ou la vigueur, ou la tendresse, ou la mélancolie, ou la joie, ou la tristesse doivent prédominer dans tout le morceau.

« Imitons, imitons la nature, mais en beau, et d'une manière fine et spirituelle, c'est-à-dire non physiquement, mais par rapport à notre esprit. *Et toujours du chant!*

« Quand je travaillerai à un opéra sérieux, ce que je souhaite depuis si longtemps, je désire toujours avoir en tête ces beaux ouvrages de Salieri, tels que *les Danaïdes*, *Tarare*, *Palmira*. — Des morceaux jamais trop longs, bien coupés, bien nerveux, et d'un grand rythme. — *N'oublions pas que le rythme fait tout.* »

Voici qui caractérise et complète ce dernier paragraphe :

« Si je travaille encore pour la scène, je dois penser à donner, pour le tragique, à chaque personnage, un

COSTUME DE SIMON DANS LE BALLET DE *la Belle au bois dormant*.
(D'après une aquarelle d'Eugène Delacroix. Bibliothèque de l'Opéra.)

caractère distinctif; me tenir aux paroles, comme le veut Salieri, et cela me fait venir les idées; écrire les chœurs plus pour l'orchestre que pour les chanteurs, avec une phrase de chant remarquable et convenable; les couper à la Salieri. — Dans les airs de caractère, mêler les deux genres; quelques-uns à l'italienne (Picinni), et les autres à la Gluck, Mozart, Salieri, en ménageant mon orchestre. — Relire les *Mémoires* de Grétry, penser à ceux de Salieri. — Tâcher aussi d'être moi, et non pas Mayr. — Dans le comique, de tems en tems du travail bien fait et beaucoup d'esprit à l'italienne. — Plus la salle est grande, moins il faut de travail à l'orchestre. Penser à ce qui fait effet à Milan et à Naples. »

Voici maintenant qui concerne le style, la forme, le caractère des morceaux :

« Quand les paroles ne disent rien ou peu de chose, ce qui arrive souvent, il faut faire un joli chant dans l'orchestre avec les violons, à l'italienne, le répéter dans plusieurs tons, bien moduler, et entrecouper de plusieurs phrases à l'unisson. Ceci fait beaucoup d'effet, surtout dans les morceaux d'ensemble, ou quand il y a des sorties et des entrées.

« Dans tous les arts, et particulièrement en musique, depuis quelque temps on est très habile pour finir, polir, et l'on ne s'attache pas au plus important, qui est un beau plan. Les détails sont tout : cela ne vaut rien.

« Les compositeurs actuels ne cherchent du nouveau

que pour finir les phrases : le contraire des Italiens. Éviter l'un et l'autre.

« Trouver des chants naïfs. — S'appliquer surtout à trouver un joli motif de *cantabile* qui ne soit pas commun, et qui reprenne souvent, serait-ce sur d'autres paroles, dans le même air. »

Sur certains procédés de construction des morceaux ou sur certaines formes d'accompagnement :

« Commencer un air de fureur par un *largo* de huit mesures et attaquer après.

« Commencer un air sans accompagnement, ou seulement avec un instrument à l'unisson.

« Finir le récit en *ut* mineur et commencer l'air en *la* majeur.

« Dans le récit, une enharmonique agréable, suivie d'un chant bien coulé et joli.

« Couper le récit par une phrase de chant un peu longue, si les paroles ont un ou deux vers de *sentiment*.

« Dans la seconde reprise du *cantabile* une modulation, comme par exemple de *si* bémol en *sol* bémol, bien douce et bien agréable.

« Dans le récit mettre un chant de huit mesures, qui prend plusieurs fois en modulant, comme l'air de *Richard* ou celui de *Don Juan*.

« Dans un air en *sol* mineur faire entendre souvent le ton de *mi* bémol, avec un joli chant.

« Bien faire attention au caractère de la scène ; voir si le sujet comporte des phrases anodines ou non.

« Pourquoi ne mettrions-nous pas sur notre théâtre des trios ou quatuors sans accompagnement, ou des canons, comme on le fait si souvent en Allemagne?

« Pourquoi, dans un grand opéra, ne pas mettre un chœur à la Hændel, fugué? — Pourquoi? parce que c'est difficile.

« Pourquoi ne pas se permettre quelquefois des récitatifs à quatre voix, comme dans Hændel et autres, quand la situation le permet, *même pour les chœurs?*

« Lire des ouvrages anciens, par exemple le *Tancrède* de Campra, où il y a des chœurs fort beaux et des bonnes choses dans le récitatif. »

On voit combien, si jeune qu'il fût alors, le cerveau d'Herold était déjà meublé, comme il avait profité de tout ce qu'il avait entendu, combien il avait lu de musique de tout genre, à quel point son esprit était porté à un vigoureux et intelligent éclectisme, enclin à prendre de tout côté ce qui lui semblait bon, à se l'assimiler, à s'en souvenir d'une façon raisonnée, à fondre, en le combinant avec ses qualités natives et personnelles, ce que les Italiens ou les Allemands pouvaient lui offrir d'utile ou de précieux. C'est cette double faculté, si française, d'assimilation et de raisonnement, qui, jointe à sa puissance créatice, allait en faire l'un des plus grands artistes dont notre pays puisse s'enorgueillir.

Cependant, Herold s'apprêtait à quitter Vienne, où, bien qu'il s'y plût beaucoup, il n'avait pas trouvé, musicalement, ce qu'il espérait. « Ce n'est pas que le séjour de Vienne m'ennuie, dit-il alors dans son journal; mais je crois qu'il ne m'est pas très utile d'y rester longtemps. Autant je suis content d'avoir vu le goût allemand au sortir de l'Italie, autant, peut-être, il me serait dangereux d'entendre cette musique serrée *qui parle toujours aux oreilles et jamais à l'âme.* »

Cette réflexion nous donne la clef du génie d'Herold. La musique, à ses yeux, avait surtout pour but de provoquer l'émotion ; elle devait, par sa force d'expression, troubler les cœurs et les soumettre à sa puissance ; il la voulait touchante et pathétique, lui donnant pour mission d'éveiller et d'exciter au plus haut point la sensibilité. Il suffit de se rappeler le précepte formulé plus haut : *Que les chants partent de l'âme pour arriver à celle des auditeurs*. C'est bien là l'objectif du véritable compositeur dramatique.

Herold, enfin bien décidé à revenir en France, n'y voulut cependant point rentrer sans avoir vu Munich. Il partit de Vienne, à pied, le 22 juillet, pour se rendre en cette ville, où il arriva le 30. Il en repartit le 9 août, profitant d'un courrier qui se rendait à Paris. Le lendemain il pénètre en Suisse, et s'écrie, à Schaffouse : — « O les belles montagnes ! les belles forêts ! les beaux bas rouges ! les jolies nattes de cheveux ! les jolies paysannes ! les bonnes gens !... déjà on baragouine un peu le français. » Le 11 il est à Bâle, le 12 à Colmar, le 13 à Nancy, et enfin, le 14 août 1815, après une absence de deux ans et dix mois, il arrive à Paris.

IV

Voilà donc Herold se retrouvant dans son pays et dans son milieu, et, avec ses rêves d'ambition et de gloire, rêves que légitimait sa haute valeur, ne songeant aussitôt qu'à une chose et n'ayant qu'une pensée : produire et se produire. Pourtant, comme il s'agissait avant tout de gagner sa vie, il accepta une place qui, dès son retour, lui était offerte au Théâtre-Italien, celle d'accompagnateur au piano, *maestro al cembalo*, qui, en dehors du travail de jour, l'obligeait à assister à toutes les représentations, puisque, selon l'usage à cette époque, il devait tenir le piano à l'orchestre pour accompagner les récitatifs. Mais comme, nous le savons déjà, il n'était point paresseux, cela ne l'empêcha pas de s'occuper, d'abord de publier certaines compositions écrites antérieurement, ensuite d'en écrire quelques nouvelles. Le tout en attendant le poème d'opéra qu'il désirait et cherchait avec ardeur.

Cependant, tandis qu'il cherchait, sans le trouver, ce poème, objet de ses rêves, une occasion inespérée s'offrait à lui de se présenter devant le public, et dans des conditions exceptionnelles. L'excellent Boieldieu, dont la bonté était proverbiale, venait d'être chargé d'écrire pour l'Opéra-Comique la musique d'un de ces ouvrages officiels de circonstance dont les gouvernements de l'empire et de la Restauration se montrèrent toujours si friands. C'était à l'occasion du mariage du jeune duc de Berry avec la jeune princesse Marie-Caroline de Naples. L'ouvrage, en deux actes, avait pour titre *Charles de France* ou *Amour et Gloire*, et pour auteurs Théaulon, d'Artois et de Rancé. Boieldieu fait un beau jour appeler chez lui Herold, qui ne se fait pas prier pour se rendre à cet appel, et il le reçoit par ces mots, qu'Herold reproduit textuellement dans son journal : — « Bonjour, mon ami. Il y a longtemps que, sans vous le dire, je cherche à vous être utile. J'ai dans ce moment un opéra à faire, et une sciatique infernale à supporter; je ne puis me débarrasser de la goutte, et je compte sur vous pour achever mon opéra. J'ai fait le premier acte, vous ferez le second. Qu'en dites-vous? Cela vous convient-il? »

La prétendue maladie de Boieldieu n'était qu'un prétexte mis en avant par lui pour masquer la générosité de son procédé envers Herold, dont il voulait faciliter les commencements. Il va sans dire que celui-ci s'empressa d'accepter la proposition qui lui était faite, et qui lui permettait de débuter sous les auspices du musicien le plus populaire alors de toute la France. Il se mit au travail avec d'autant plus d'ardeur que les circonstances étaient pressantes, et fut prêt à l'heure dite, de telle façon que *Charles de France* put paraître à la scène le 18 juin 1816 avec un succès éclatant dû particulièrement à la musique, et qui surpassait de beaucoup l'accueil fait d'ordinaire aux ouvrages de ce genre. Herold s'en montra naturellement enchanté, et il épand ainsi sa joie dans

MADAME PRADHER, PRINCIPALE INTERPRÈTE DU *Muletier*.
(D'après la lithographie de Vigneron, Cabinet des Estampes.)

son journal : — « C'est hier, mardi 18 juin, que j'ai débuté à Paris, sous la protection immédiate de Boieldieu! et ce matin M. Méhul m'a dit que j'avais bien fait de ne pas partir[1]. Le succès de *Charles de France* n'a pas été un moment douteux, et la musique de Boieldieu a excité l'enthousiasme. La mienne n'a pas déplu. L'air chanté par Huet : *Vive la France!* a enlevé la pièce. L'orchestre est content de moi. MM. Méhul, Boieldieu, Nicolo m'assurent que je suis dans une bonne route; tous les journaux font l'éloge de l'ouvrage, ce qui rend pour moi cette journée une des plus belles que j'ai passées jusqu'ici. Je dois presque tout à Boieldieu ; seul, j'aurais fait des sottises, et si jamais je suis ingrat envers lui, je serai bien coupable... Me voilà lancé. Il faut à présent faire un ouvrage qui obtienne du succès, et tout ira bien. »

L'ouvrage allait venir d'ailleurs, et sans trop se faire attendre. Grâce à *Charles de France* et à la généreuse initiative de Boieldieu, tous les yeux se tournaient vers Herold, et il se voyait confier coup sur coup les poèmes d'une cantate de circonstance, d'un grand opéra en un acte et d'un opéra-comique en trois actes. C'était aller bon train. Tout cela cependant ne vit pas le jour, et de ces trois ouvrages, un seul arriva au port. La cantate, quoique écrite, ne fut pas exécutée, j'ignore pour quelle raison[2]. L'opéra en un acte, *Corinne au Capi-*

---

[1] Il avait été question pour lui d'un grand voyage artistique avec Mme Catalani, voyage auquel il avait renoncé pour s'attacher à *Charles de France*.

[2] La partition manuscrite existe, avec ce titre : *Cantate pour la fête du Roi*, paroles de M. Périès. Août 1816.

tole[1], commencé par lui, ne fut pas achevé, malgré son désir ardent d'être joué à l'Opéra, parce que le poème lui semblait impossible et glaçait son inspiration. Restait l'opéra-comique. Il avait pour titre *les Rosières*, et les paroles étaient de Théaulon, l'un des auteurs de *Charles de France*, que le succès de celui-ci avait encouragé à se confier à Herold.

Théaulon était alors l'auteur à la mode, et c'était une chance heureuse pour un jeune musicien de devenir son collaborateur ; mais aussi c'était un être singulier, fantasque, avec lequel le travail n'était absolument régulier ni facile. Herold lui-même nous renseigne à ce sujet et nous fait voir avec quelles difficultés il se trouva aux prises en ce qui concerne *les Rosières* : — « Théaulon, dit-il, est, je crois, un homme de beaucoup de talent C'est le Sedaine du jour. Il y a des idées dans tous ses ouvrages, mais il ne travaille rien : il broche un poème en deux jours au plus, et c'est fini ; il ne s'en occupe plus qu'aux répétitions générales. Pour *les Rosières*, il est vrai, quoique invraisemblable, que nous n'avons causé sur la pièce que trois ou quatre fois, et un quart d'heure chaque. Aussi me trouve-t-il le plus commode des musiciens. J'ai fait les paroles d'un chœur, d'un air, etc., etc. ; j'ai fait faire par différentes personnes des airs, des vers, j'ai taillé, coupé, allongé, raccourci, le tout à l'insu de Théaulon, qui a été enchanté, excepté pour le finale du second acte. Il le concevait autrement et nous en avons discuté souvent, mais il

---

[1] Paroles de Gosse.

était trop tard ; c'était aux dernières répétitions, et je soutenais mordicus que j'avais eu raison de le couper ainsi... » Trouverait-on beaucoup de jeunes compositeurs pour se tirer, à leurs débuts à la scène, d'une situation aussi délicate ? Et ne fallait-il pas qu'Herold fût né avec le sens intime et le génie du théâtre ?

Quoi qu'il en soit, *les Rosières* firent leur apparition à l'Opéra-Comique le 27 janvier 1817, et elles obtinrent un succès très vif et très accentué. Le livret, pour assez invraisemblable qu'en fût la donnée, était amusant et gai ; l'interprétation, confiée d'une part à Huet, Moreau, Chenard, Lesage, de l'autre à MM^{mes} Gavaudan, Joly-Saint-Aubin, à MM^{lles} Leclerc, More, Regnault et Palar, qui personnifiaient les six rosières, était excellente ; enfin la musique, écrite avec une rare franchise, exempte des hésitations et des tâtonnements qui se font toujours remarquer dans les premières œuvres d'un musicien scénique, était charmante d'un bout à l'autre et révélait la main d'un artiste qui, dès ses premiers pas, laissait pressentir son génie. C'en était assez pour justifier le succès et assurer sa durée. *Les Rosières* obtinrent tout d'abord une série de quarante-quatre représentations consécutives. Le public se montra charmé tout à la fois et étonné de rencontrer dans la première production d'un jeune musicien, avec une habileté technique et des qualités pratiques incontestables, une imagination aussi abondante, une inspiration aussi généreuse et un sens si complet du théâtre. Jamais on ne croirait, en étudiant *les Rosières*, que c'est là l'œuvre d'un artiste de vingt-cinq ans, à peine à ses débuts à la scène, tellement la partition est écrite d'une main ferme et sûre, tellement elle dénote une expérience précoce, tellement enfin elle est riche en idées neuves, brillantes, mises en valeur et en relief avec une étonnante habileté.

Aussi, la critique se joignit-elle au public pour faire fête au compositeur, et le succès complet des *Rosières* mit-il Herold au comble de la joie. Mais ce qui dut, en cette circonstance, être le plus cher à son cœur, c'est l'admirable et touchante lettre qu'il reçut de son maître Méhul, auquel il avait eu la bonne pensée de dédier sa partition : Méhul, déjà souffrant alors de la maladie qui devait l'emporter un an plus tard, avait dû, sur l'ordre des médecins, entreprendre un voyage dans le Midi ; c'est de Montpellier qu'il lui envoyait cette lettre :

Montpellier, 6 février [1817].

« Mon cher Herold,

« Je m'empresse de répondre à votre bonne et touchante lettre pour vous féliciter de tout mon cœur de votre brillant succès, et pour vous dire qu'il me rend aussi heureux que vous-même. Ce n'est pas comme votre ancien professeur, c'est comme votre ami que je m'intéresse à tout ce qui peut contribuer à votre bonheur et à votre réputation. Votre existence comme compositeur date du 27 janvier ; elle se prolongera, elle deviendra célèbre, et je m'en réjouirai dans mes vieux ans.

« J'accepte avec plaisir la dédicace de votre partition ; mais j'y mets une condition, que vous exécuterez religieusement, car je vous en prie : c'est que si, pour l'intérêt de votre ouvrage ou pour votre avancement, vos amis pensaient qu'il fût bon d'offrir l'hommage de votre partition à quelque personnage de cour très puissant, vous n'hésiteriez pas à vous rendre à leurs conseils. Le premier élan de votre cœur me suffit. Vous avez songé à moi avant tout, je dois songer à vous avant moi. D'ailleurs, mon cher Herold, ce n'est pas d'aujourd'hui que j'ai su apprécier les bons sentiments qui vous animent, et depuis longtemps votre franche reconnaissance vous a acquitté envers moi.

« Je trouve inutile de vous donner des conseils sur votre nouvelle position ; d'après votre lettre, je vois que vous savez l'envisager sagement. Embrassez tendrement votre mère pour moi, dites-lui que je partage son bonheur. Parlez de moi à Boieldieu, à notre aimable Mme Gavaudan, enfin à ceux de la Comédie qui s'occupent de moi[1]... Ma santé est toujours languissante ; le climat de Montpellier est trop vif pour moi. Le voyage m'a causé une fatigue dont je ne puis me remettre. Pour vous écrire cette lettre il m'a fallu toute ma matinée. J'aurais mieux fait de rester à Paris, au milieu de nos amis. Le succès des *Rosières* m'aurait fait plus de bien que la vue du pont du Gard. Puissent cependant *les Rosières* durer aussi longtemps que ce magnifique monument.

[1] La Comédie-Italienne. C'était une vieille habitude, et Méhul, qui avait fait ses débuts à « la Comédie », continuait d'appeler l'Opéra-Comique par son ancien nom.

« Adieu, Herold; ma tête devient lourde; il faut que je finisse, et c'est en vous embrassant de toute mon âme.

« Votre ami,

« Méhul. »

Cette lettre, d'un ton si touchant et si ému, d'un sentiment si affectueux et si dévoué, d'un accent si tendre et si paternel, était bien digne du noble artiste qui la traçait d'une main débile; et l'on peut dire que nul plus qu'Herold ne méritait de l'inspirer et de la recevoir.

Mais il va sans dire qu'Herold n'était pas disposé à s'endormir sur ses premiers lauriers, et qu'à peine le succès des *Rosières* bien établi, il songeait à un autre ouvrage. Un autre ouvrage! Mais lequel? Nous avons vu qu'il avait renoncé à achever la musique, commencée, d'une *Corinne au Capitole*, et cela parce que le poème lui semblait impossible, malgré le très grand désir qu'il avait — et qu'il eut toute sa vie — de se voir joué à l'Opéra. Ce n'est pas, d'ailleurs, sans un réel serrement de cœur qu'il s'était résolu à en agir ainsi. « J'ai fait, dit-il dans son journal, un grand sacrifice et peut-être une sottise en rendant *Corinne* à son maître. Je verrai plus tard si j'aurai lieu de m'en repentir. » A ce moment il avait en mains un autre poème dont il n'indique pas le genre. « Mon poème de *Kasem* ne me paraît pas merveilleux. J'aurais bien préféré *la Lampe merveilleuse* du même auteur, Mme Aurore Bursay. Mais ce qui me ferait plus de plaisir en ce moment serait un joli poème de

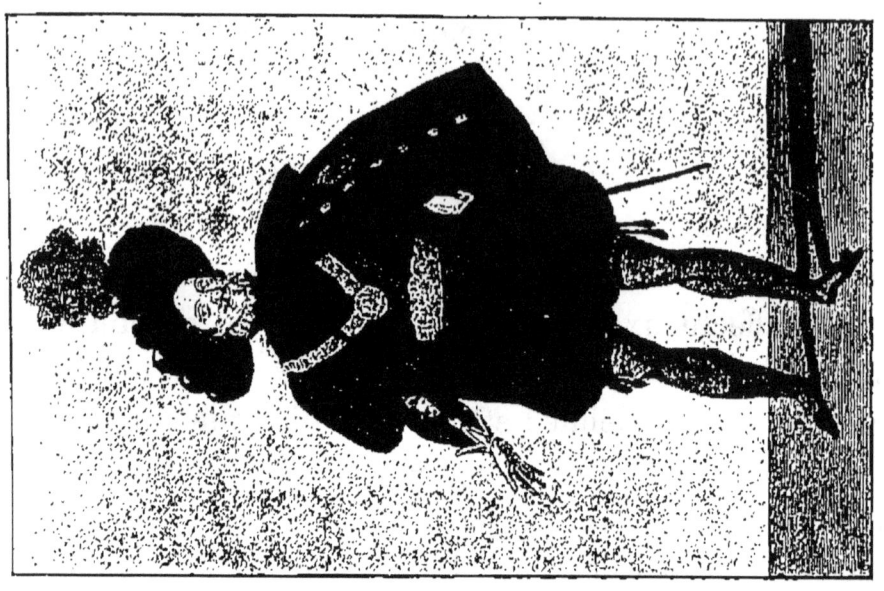

CHOLLET DANS *Zampa*.
Collection Martinet.

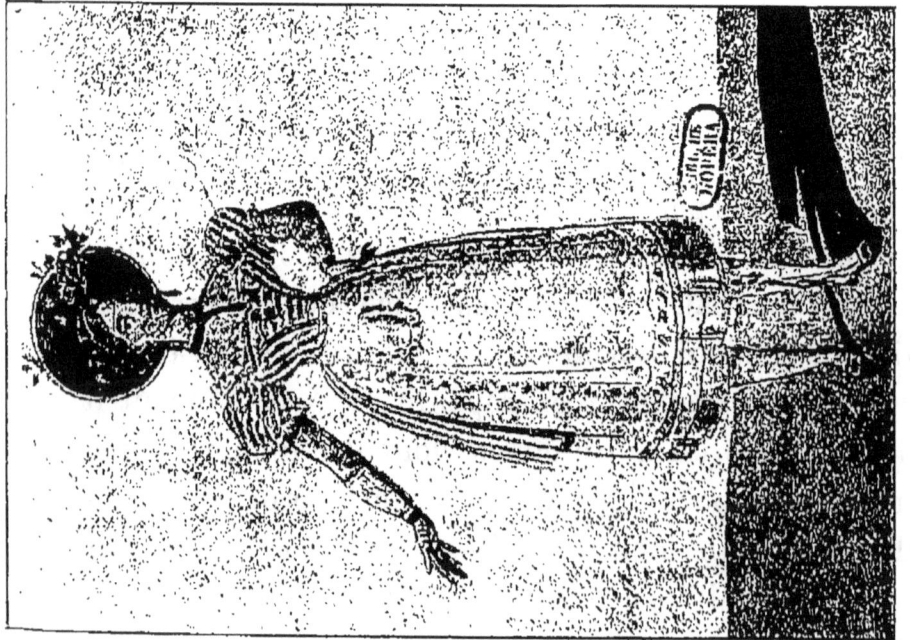

MADAME MONTESSU DANS *la Somnambule*.
Aquarelle d'Hippolyte Lecomte.

(Bibliothèque de l'Opéra.)

Théaulon; puisque nous avons bien débuté ensemble, il me serait bien agréable de lui être encore accolé. » Quelque temps après il n'est plus question de *Kasem*, mais le souhait formé se réalise, et l'on voit surgir le poème désiré de Théaulon : « Mes *Rosières* sont gravées, dit Herold. Le premier mois des recettes a été fort beau pour moi; je m'en souhaite quelques-uns de pareils, et j'en ai grand besoin. Je suis bien paresseux : comment, depuis *les Rosières* je n'ai rien fait! Rien! Il est vrai que j'attends un bon poème. Sans cela, que ferai-je? Théaulon m'a fait en huit jours une *Lampe merveilleuse* que j'aime beaucoup ; mais les comédiens[1] ont l'air de ne pas vouloir la donner par égard pour l'Opéra. » Ce que deviendra cette *Lampe merveilleuse*, nous l'allons voir ; mais laissons continuer Herold : « J'ai aussi un héritage de Bochsa, *la Princesse de Nevers*; mais c'est encore du pathos, de la circonstance, du mélodrame, et peu d'esprit et de vraisemblance... »

Herold ne fit pas plus *la Princesse de Nevers* qu'il n'avait fait *Kasem*, qu'il n'avait voulu terminer *Corinne*. Mais il s'attacha à sa *Lampe merveilleuse*, qui lui convenait sous tous les rapports. Ici, seulement, une difficulté se présentait. L'Opéra avait reçu récemment sous ce titre et sur ce sujet, emprunté au plus fameux conte des *Mille et une Nuits*, un grand ouvrage en cinq actes, dont le livret avait Etienne pour auteur, et dont Nicolo était en train d'écrire la musique. Or, l'Opéra trouvait mauvais qu'un théâtre qu'il considérait comme son

[1] Les « comédiens », c'est-à-dire les artistes de l'Opéra-Comique.

inférieur eût l'outrecuidance de s'emparer d'un sujet sur lequel il avait mis la main lui-même, et il montrait à cet égard quelques susceptibilités. Celles-ci, heureusement, n'étaient pas de nature telle qu'on n'en pût assez aisément venir à bout. L'Opéra se laissa persuader et consentit à entendre raison, à la seule condition que l'Opéra-Comique lui fît quelques concessions au moins apparentes; ces concessions se réduisaient à ceci, que le titre de la pièce et le nom du héros seraient changés, ainsi que le talisman dont se servait celui-ci. Pour obéir à ces exigences puériles, Aladin fut baptisé du nom d'Azolin, la lampe magique fut remplacée par une clochette, et cette clochette donna le nom à la pièce, qui prit pour titre *la Clochette* ou *le Diable page*.

Sans vouloir faire de jeux de mots, on peut dire de cette aimable *Clochette* que, bien avant son apparition, elle fit à Paris un bruit du diable. L'Opéra, par ses sottes réclamations, lui avait fait une énorme publicité, et le sujet connu de la pièce, son caractère féerique, le luxe qu'on voyait déployer pour elle, tout concourait à exciter l'impatience du public à son égard. Enfin, la première représentation eut lieu le 18 octobre 1817, avec un succès éclatant qui visait à la fois la pièce, la musique, l'interprétation et la riche mise en scène, mais dont le compositeur pouvait prendre la plus large part[1]. Ce succès fut tellement brillant, tellement complet, que

[1] Les rôles de *la Clochette* étaient tenus par Darancourt, Paul. Lesage, Vizentini, Génot, Rolland, Henri, Mmes Lemonnier, Boulanger, Desbrosses et Palar. Herold, pour prouver sa reconnaissance à Boieldieu, lui dédia sa partition.

l'Opéra-Comique, mis à deux doigts de sa perte par une série de revers successifs dont la réussite des *Rosières* n'avait pu qu'atténuer momentanément les effets, vit du coup sa situation raffermie et fut sauvé d'un désastre qui semblait inévitable. « *La Clochette*, disait un journal, était le coup de partie de l'Opéra-Comique. Sa chute entraînait celle du théâtre; son succès le sauve. Grâces soient rendues à M. Herold, au décorateur, au machiniste et au tailleur! Les paroles du poème sont innocentes de cette révolution [1]. »

Pour qui connaît la partition de *la Clochette*, il n'est pas beaucoup d'ouvrages qui renferment un si grand nombre de morceaux excellents, excellents sous tous les rapports, c'est-à-dire tant au point de vue de la facture que de l'inspiration, du sentiment scénique que du sentiment harmonique et de l'élégance de l'orchestre. Et si l'on peut s'étonner d'une chose, c'est que les cent représentations de la pièce à sa création n'aient jamais été suivies d'aucune reprise.

Mais c'est ici le cas de faire remarquer que, malgré les deux succès brillants qu'il venait d'obtenir pour ses débuts à l'Opéra-Comique, Herold n'en persistait pas moins à tourner ses regards et ses désirs du côté de notre grande scène lyrique. Une note intéressante, que j'ai rencontrée dans ses papiers, ne saurait laisser aucun doute sous ce rapport. Cette note est une sorte de dessin général du genre de poème qu'il aurait voulu avoir à traiter pour l'Opéra. La voici :

[1] *Annales politiques*, 20 octobre 1817.

« Pour un grand opéra en cinq actes, je voudrais :

« 1er ACTE. — Court, sans grande emphase : peu ou point de divertissement, mais un intérêt de curiosité. Des occasions de joli chant et un bon final.

« 2e ACTE. — Déjà plus de grandiose. Un peu de danse, d'une autre couleur que le premier acte. Un morceau de chant brillant : un final de grand caractère. L'acte court.

« 3e ACTE. — Dès le commencement une immense décoration. Ici la plus grande pompe; de grands divertissements; des pas de 12, de 20, de *un*, de *deux*. Une *revue*; des *chevaux*. Une musique de régiment sur le théâtre, nouveau moyen, *peu usé*. Pour le chant, c'est égal; comme on voudra. L'acte long et amusant.

« 4e ACTE. — Très court, 3 scènes. — Du pathétique, de la vigueur : oppositions de masses et de couleur : fin originale.

« 5e ACTE. — Court aussi, mais à deux décorations, ou du moins avec un tableau final de grand effet. Quelques chants faciles et agréables. Fin dans les mains du peintre, du machiniste ou du directeur. »

Tout cela, on le voit, est précis et réfléchi, et il me semble qu'Herold avait singulièrement pressenti ce qu'il fallait à notre opéra moderne et ce que Meyerbeer devait réaliser plus tard, grâce à l'aide de Scribe, avec tant d'éclat. La note d'Herold se terminait ainsi : — « Pour un opéra en trois actes, un sujet très fort et très amusant. Un second acte où tout soit réuni : intérêt, force, divertissement. Premier et troisième actes courts. »

Mais tout en rêvant à ce qu'il pourrait faire pour l'Opéra, Herold n'en continuait pas moins à songer à l'Opéra-Comique. Bientôt il s'occupa d'un ouvrage important, *le Premier Venu*, dont le livret n'était autre chose que l'adaptation lyrique d'une comédie en trois actes de Vial qui avait été représentée sous ce titre au théâtre Louvois, le 1er juin 1801, avec un succès prodigieux. Vial s'était fait aider pour ce travail par son ami Planard, Herold s'était mis courageusement à la besogne, et *le Premier Venu* put être présenté sous sa nouvelle forme, au public de l'Opéra-Comique, le 28 septembre 1818. Il en fut très bien accueilli, et tous les journaux constatèrent le succès.

Il est certain que la partition du *Premier Venu* constitue une œuvre fort agréable, tout à fait digne de la plume élégante d'Herold, et qu'elle fait honneur à son imagination abondante et distinguée. L'ensemble en est surtout remarquable par le sentiment et l'entente scéniques qui ne l'abandonnaient jamais et qu'il possédait à un si haut degré. Par malheur, si l'accueil fait à l'ouvrage fut extrêmement flatteur — et les témoignages contemporains sont unanimes à cet égard, — la pièce de Vial était trop connue, et depuis trop longtemps, pour soutenir comme il l'eût fallu l'attention du public.

Ce fut le commencement d'une veine fâcheuse pour Herold, non en ce qui concerne la manifestation de son talent, qui ne connut jamais de faiblesse et fut toujours égal à lui-même, mais la mise en valeur de ce talent, qu'il eut le tort et le malheur de mettre, plusieurs fois de suite, au service de poèmes indignes de lui.

Il s'était chargé, tout en s'occupant du *Premier Venu*, de remettre en musique l'ancien livret des *Troqueurs*, qui fut précisément l'origine de l'opéra-comique et le premier modèle des « pièces à ariettes [1] ». Deux vaudevillistes, les frères Achille et Armand d'Artois, avaient retouché le livret de Vadé et l'avaient confié au fameux harpiste et compositeur Bochsa ; mais Bochsa, voleur, faussaire et bigame, avait jugé bon de se soustraire par la fuite aux atteintes de la justice, qui l'avait condamné par contumace à douze ans de fers et à la marque. *Les Troqueurs* alors étaient passés aux mains d'Herold. L'œuvre était légère et ne comportait guère, musicalement, plus d'importance qu'une mince opérette. Herold se garda bien d'en exagérer le caractère et la portée ; il traita ce petit acte à la manière de d'Alayrac, et d'une main fine et légère écrivit une partition qui, si elle ne brillait pas par une extrême originalité, portait du moins l'empreinte de son élégance naturelle et de sa grâce toujours aimable. Mais les tons un peu crus du livret, que ses deux arrangeurs n'avaient pu réussir à adoucir suffisamment, son manque d'action et sa longueur jugée excessive ne furent pas du goût des spectateurs de la première représentation (18 février 1819), qui eurent pourtant le soin de faire la part de chacun, sifflant la pièce et applaudissant le nom du

---

[1] *Les Troqueurs*, paroles de Vadé, musique de D'Auvergne, furent représentés à l'Opéra-Comique de la Foire le 30 juillet 1753.

compositeur, comme le constatait le *Journal de Paris*. En réalité, les défauts de la pièce nuisirent au succès, qui fut négatif.

Le demi-succès du *Premier Venu*, la quasi-chute des *Troqueurs* n'étaient rien encore, et nous allons voir s'accentuer la malchance qui, en ce moment, poursuivait Herold sans cependant que diminuât l'estime en laquelle le tenait le public. Il avait accepté des mains d'un écrivain absolument inconnu, nommé Auguste Rousseau, le livret d'un ouvrage en un acte intitulé *l'Amour platonique*. Cet ouvrage, rapidement écrit par lui, fut bientôt mis en répétitions à l'Opéra-Comique. Mais la pièce était véritablement informe, et l'on se demande comment il peut se faire qu'Herold ait tant tardé à s'en apercevoir. Toujours est-il qu'à l'issue de la dernière répétition générale, la veille même du jour fixé pour la représentation, et quoique l'effet de cette répétion eût été très flatteur pour lui et sa musique, Herold, reconnaissant les défauts irrémédiables du livret, dont l'auteur était absent, retira la pièce et déclara qu'il ne la laisserait pas jouer. Il se servit plus tard de l'ouverture, qu'il plaça en tête de son opéra de *l'Illusion* [1].

Pourtant ce nouveau déboire ne le décourageait pas encore, et il ne songea qu'à prendre sa revanche d'une partie perdue volontairement par lui avant même d'avoir

---

[1] On lit sur le manuscrit autographe de la partition de *l'Amour platonique* : — « Répété généralement le 16 décembre 1819, non représenté ».

été jouée. Planard lui donna un petit acte, malheureusement insignifiant, qui avait pour titre *l'Auteur mort et vivant*, et qui, une fois mis en musique, fut représenté à l'Opéra-Comique le 18 décembre 1820. La partition contenait plusieurs morceaux charmants, entre autres l'air de Denise et le joli duo des deux fiancés villageois : *Tu n'es qu'une coquette !...* ; mais cela ne suffisait pas à réchauffer une pièce un peu trop endormante et par elle-même hostile à la musique. Aussi, quoique assez bien accueilli le premier soir, *l'Auteur mort et vivant* ne fournit qu'une carrière assez courte [1].

Cette fois, et devant l'inutilité de ce nouvel effort, l'esprit d'Herold fut un peu troublé, un peu inquiet. Le grand artiste ne se laissait pas abattre encore, mais il semblait qu'on vît s'affaiblir un peu cette confiance, cette foi en lui-même qu'il avait manifestées aux premiers jours de sa carrière et qu'il ne devait plus retrouver qu'avec les succès qui en signalèrent la fin. La gaîté naturelle de son caractère, qui toujours avait été tempérée par une tendance à la mélancolie, disparaissait parfois et commençait à faire place au développement de ce dernier sentiment. Au reste, son ami Chaulieu, dans la notice qu'il lui a consacrée, nous renseigne sur son état moral à cette époque, sur l'effet que les incidents de sa vie artistique produisaient alors sur son esprit :

[1] Herold pourtant, personnellement, se voyait toujours bien reçu du public. — « Les auteurs ont été demandés, disait le *Journal de Paris*, et des bravos ont accueilli le nom de l'auteur des paroles ; *mais ils ont redoublé à celui de M. Herold*, l'auteur de la musique. »

« Dirai-je tout ce qu'Herold souffrit durant ces quatre mortelles années, où, luttant continuellement entre l'ardent désir de produire et l'impossibilité de le faire, il sentait tout son avenir de gloire se dépenser en petits ouvrages froids et languissants? Non, le souvenir m'en est trop pénible. Que de fois, dans nos promenades solitaires, il déplorait ce temps perdu, cette inaction forcée! Le dégoût s'empara de lui, et se fit sentir jusque dans sa musique de piano, qui, à l'exception de deux ou trois ouvrages, ne fut qu'une espèce de monnaie courante à laquelle il n'attachait que peu de prix. Ce fut cependant à cette époque qu'il fit ses fantaisies sur des thèmes de Rossini, fantaisies qui eurent une grande vente, dont il riait le premier. En effet, qu'était-ce pour Herold que de pareils succès? pour Herold, qui avait dans l'âme *Marie, Zampa, le Pré aux Clercs!*... La force de la jeunessse le soutenait encore; il était gai, spirituel dans l'intimité, morose et caustique en public. Pouvait-il voir en effet sans un chagrin cuisant l'appréciation inexacte que l'on faisait de son talent? Que faire, cependant? Herold, au-dessus du besoin, avait l'âme trop active, trop noble pour vivre dans l'inaction. Des leçons de piano, il n'en voulait pas, il n'en pouvait pas donner : l'exercice de ses facultés eut été trop restreint. La place d'accompagnateur de l'Opéra italien lui fut offerte; il l'accepta avec joie. Il rentrait dans son élément, la musique. »

Ici, Chaulieu commet une erreur de fait. Nous avons vu que c'est presque dès son retour de Rome qu'Herold devint *maestro al cembalo* au Théâtre-Italien. Mais justement, c'est ce théâtre qui allait lui offrir un heureux dérivatif aux tristes pensées qui troublaient son esprit. L'Opéra italien, alors placé sous les ordres de la maison du roi, avait besoin en ce moment de fortifier sa troupe par l'adjonction de quelques sujets nouveaux, entre autres une *prima donna* et un *buffo cantante*. On songea à charger Herold d'une mission en Italie, où il irait à la recherche des artistes qu'il jugerait les plus propres, par leur talent, à remplir les vues de l'administration et à satisfaire les exigences du public. Herold accepta, fit en Italie un voyage très fatigant, et revint, après quatre mois d'absence, rapportant les engagements de Mme Pasta, de Galli et de Zucchelli.

V

Le voici de retour. Que va-t-il faire? Se remettre au travail, sans doute, et écrire une œuvre nouvelle? Ce n'était assurément pas le désir qui lui en manquait, et cependant nous voyons que deux années se passent avant qu'il aborde de nouveau la scène, puisque *le Muletier* ne fit son apparition qu'au mois de mai 1823. Évidemment il dut, pendant ce temps encore, lutter contre la fatalité, contre les mauvais poèmes, et aussi contre l'indifférence étonnante à son égard des sociétaires de l'Opéra-Comique qui, malgré sa valeur, malgré ses succès passés, ne comprenaient pas le fond qu'on pouvait faire sur lui et ne l'encourageaient en aucune façon. Ceci est de la plus entière évidence, et le journal d'Herold est, à ce sujet, fertile en doléances trop justifiées.

C'est son journal précisément qui nous apprend qu'il avait emporté dans son voyage un livret de Théaulon, *les Florentines*, et qu'à Paris il eut aussi en mains une pièce en trois actes de d'Epagny ; mais de l'un ni de l'autre il ne fit rien. Il faut remarquer, d'ailleurs, que l'année 1822 se passa presque entièrement pour lui dans des alternatives de bonne et de mauvaise santé, qui lui rendaient le travail difficile et pénible. Il en arriva même à être obligé de garder strictement sinon le lit, du moins la chambre, ce qui lui causa le regret de ne pouvoir prendre part à la première représentation aux Italiens du *Moïse* de Rossini, dont il avait rapporté la partition d'Italie et aux études duquel il avait donné tous ses soins. C'est à ce propos qu'il écrivait ceci dans son journal, à la date du 19 octobre 1822 :

« Me voici encore une fois malade ! Osè-je dire que cette fois-ci, au moins, je crois voir le terme de mes petites souffrances physiques ? M. Sarrazin, mon médecin, vient de me faire une petite opération douloureuse. C'est une entaille dans la joue, de près d'un pouce de profondeur, à l'endroit où j'avais depuis plus d'un an une grosseur qui me gênait. J'ai souffert beaucoup pendant trois jours, et surtout les nuits. Colloqué dans ma chambre, je n'assisterai pas au *Moïse* de Rossini, ouvrage que j'ai adopté depuis longtemps, pour lequel j'ai fait de si bonnes répétitions, que j'ai arrangé pour le piano, et que j'aurais voulu faire donner à l'Opéra. Je n'en verrai pas la première représentation ; heureux si je vais à la quatrième. Enfin il faut de la patience, et, je le vois, je commence à renoncer plus facilement qu'autrefois à toutes sortes de plaisirs ou d'espoirs. A force de me trouver désappointé en tout, je n'espère plus en rien, je n'ai plus de courage pour travailler, je n'aime plus personne, je deviens plus égoïste chaque jour.... Comment tout cela finira-t-il ? »

C'est évidemment peu de mois après cette crise qu'Herold, rencontrant enfin un poème, celui du *Muletier*, put se remettre au travail. Mais quelle étrange association que celle des deux auteurs de cet ouvrage, et quel singulier accouplement de noms ! Paul de Kock et Herold ! La muse grivoise et triviale à qui l'on doit *l'Enfant de ma femme* et *Monsieur Dupont* s'accolant à la muse chaste et mélancolique qui portait dans ses nobles flancs *Marie* et *le Pré aux Clercs !* N'y a-t-il pas là comme une espèce de jeu du sort, qui voulut que le plus grand poète de la musique française dût son premier succès vraiment éclatant, la première affirmation complète de son talent et de sa personnalité au romancier bon enfant et sans vergogne, à l'écrivain populaire et débraillé que chérissaient surtout les grisettes et les commis de magasin ? Au surplus, on peut bien dire qu'il fallut en cette circonstance tout le charme, toute la puissance, toute la magie de la musique d'Herold pour vaincre certaines répugnances du public, pour lui faire passer condamnation sur les vives allures d'un livret amusant sans doute, mais un peu trop fertile en incidents scabreux, en mots risqués et en saillies graveleuses.

Le sujet, on le connaît, et Paul de Kock l'avait puisé dans La Fontaine, qui lui-même avait emprunté à Boccace l'idée de celui de ses contes qui porte ce titre du *Muletier*. Paul de Kock, on peut s'en fier à lui, n'avait nullement cherché, en le transportant à la scène, à voiler les situations, à adoucir les tons grivois du récit risqué de La Fontaine. Au contraire, son gros rire franc se complaisait en un pareil sujet, et plutôt que d'en retrancher, il y aurait volontiers ajouté quelques gaillardises. Il s'en vantait d'ailleurs en quelque sorte, et rien n'est curieux comme de le voir parler, dans ses *Mémoires*, de ce fameux *Muletier* et de sa représentation à l'Opéra-Comique.

La pièce fut jouée le 12 mai 1823, ayant pour interprètes Lemonnier, Féréol et Vizentini, Mmes Pradher et Boulanger. Mis en valeur par de tels artistes, soutenu par une musique vive, ardente, colorée, pleine de mouvement et d'expression, de nerf et de franchise, *le Muletier* devait réussir.

Certaines maladresses du livret pouvaient seules rendre le succès hésitant, et amenèrent en effet quelques protestations de la part du public. Heureusement, la valeur exceptionnelle de la partition mit tout le monde d'accord et finit par rallier tous les suffrages. Le sentiment est unanime, en effet, pour faire remonter au compositeur tout l'honneur du résultat. « La scène du rendez-vous, dit le *Journal des Débats*, a excité des murmures. La pudeur, la décence même ont fait entendre quelques sifflets : le parterre a ri, on a applaudi, et la musique de M. Herold a décidé le succès de la pièce. » Le *Journal de Paris*, le *Constitutionnel* s'expriment de façon analogue. Mais la vraie note, en ce qui concerne le talent d'Herold et la place qu'il prenait avec la partition du *Muletier*, nous est fournie par le *Miroir*, le seul journal peut-être qui ait compris toute l'importance de l'œuvre du compositeur. De son long compte rendu je détache ces lignes caractéristiques : — « Le conte de La Fontaine est trop connu pour que nous donnions l'analyse de cet opéra, et ce que l'auteur a ajouté n'est pas susceptible d'offrir un grand intérêt. Il n'a inventé qu'un niais ridicule, qui fait et dit ce que font tous les autres personnages de son espèce, et ne se rattache en aucune manière à l'action. Nous insisterons donc particulièrement sur la musique ; elle est, comme nous l'avons dit, vive, originale, piquante, mélodieuse, et presque toujours bien en scène. Les couplets intercalés dans le premier duo sont charmants ; les morceaux nocturnes sont remplis de vérité et d'effet ; les accompagnements sont légers, gracieux, et la plupart des motifs agréables ; l'ouverture est originale, et n'a que le défaut d'être un peu prolongée. Cette partition fait le plus grand honneur au talent de M. Herold, qui devient de ce moment l'un de nos premiers compositeurs. Nous ne saurions trop l'encourager, par justice envers lui-même, et dans

COSTUMES ET INDICATIONS DE MISE EN SCÈNE DE *Zampa*

D'après une lithographie coloriée du temps :

1. Rita ; 2. Zampa (2º costume) ; 3. Daniel (1ᵉʳ costume) ; 4. Camille ; 5. Zampa (1ᵉʳ costume) ; 6. Daniel (2º costume).

(Bibliothèque de l'Opéra.)

l'intérêt de l'Opéra-Comique, dont il doit être un des plus fermes soutiens. Nous sourions à cette espérance, et nous applaudissons franchement à la lyre harmonieuse qui peut contribuer à relever les murs de Thèbes. »

Ces éloges sont d'une justesse parfaite, et ils n'offrent rien d'excessif. La partition du *Muletier*, bien qu'elle ne comporte qu'un acte, est en son genre une œuvre de premier ordre, et réalisait un progrès étonnant sur les productions antérieures d'Herold. On sentait dans cette œuvre que le musicien, désormais en pleine possession de lui-même, avait atteint la pleine maturité d'un talent dont l'épanouissement était complet et qui n'avait plus rien à attendre des leçons de l'expérience. Style ferme et sûr, sentiment scénique incontestable, harmonie tout à la fois solide, piquante et châtiée, artifices ingénieux de contre-point, orchestre étoffé, varié, plein de grâce et de naturel tout ensemble, agencement excellent des voix, coupe irréprochable des morceaux, inspiration soutenue et abondante, tout se réunit pour faire de cette partition du *Muletier* un de ces ouvrages achevés, réussis en tout point, merveilleusement équilibrés, qui portent la griffe d'un grand artiste et dénotent le tempérament d'un homme de génie.

Si j'ai insisté sur la valeur musicale de cet ouvrage, si je me suis étendu sur l'effet produit par lui, c'est que l'apparition du *Muletier* ouvre une phase importante dans la carrière d'Herold, c'est qu'elle marque une étape de cette carrière, qu'elle est une date dans la vie de l'artiste. Jusqu'alors, et malgré ses premiers succès, Herold n'avait encore donné que des espérances très brillantes, il n'avait fait en quelque sorte qu'escompter l'avenir, que donner au public des arrhes de son génie. Avec le *Muletier* il affirmait ce génie, dont il était devenu complètement le maître, il conquérait sur la foule l'ascendant et l'autorité dont il était digne, il entrait enfin dans une voie nouvelle, celle qui devait le conduire à la gloire à l'aide de ces chefs-d'œuvre dont quatre-vingts ans d'existence n'ont pu altérer la fraîcheur, ternir la pureté, entamer l'éternelle beauté. A partir de ce moment, la jeunesse artistique d'Herold est terminée ; la période des essais est close, celle de la maturité commence, amenant avec elle une renommée légitime et incontestée. Nous retrouverons bientôt le maître en pleine possession de son génie, étonnant le monde par l'éclosion rapide de ces trois œuvres exquises qui forment sa couronne immortelle : *Marie*, et surtout *Zampa* et *le Pré-aux-Clercs*.

VI

Toutefois, trois années nous séparent encore de l'apparition de *Marie*, trois années qui, on peut presque le dire, ne comptent pas dans la carrière d'Herold, en dépit de quatre ouvrages écrits par lui durant cette période. Le premier de ces ouvrages était un opéra en un acte, *Lasthénie*, qui fut représenté à l'Opéra le 8 septembre 1823. Pauvre début à ce théâtre, objet de ses désirs et de son ambition, avec un pauvre petit acte, dont le poème, dû à un écrivain nommé Chaillou, resté complètement obscur, offrait un sujet grec, traité d'une façon froide, incolore, et absolument dépourvu de ce sentiment passionné si nécessaire à la musique d'Herold et qui était le fond même de son génie. La musique pourtant soutint l'ouvrage, qui, malgré ses défauts, fournit, grâce à elle, une carrière très honorable de vingt-six représentations.

C'est encore à l'Opéra que, deux mois plus tard, Herold donna, cette fois en société avec Auber, un de ces ouvrages de commande comme *Charles de France*, destinés à stimuler l'amour des populations pour le régime et le souverain sous lesquels elles avaient le bonheur de vivre. Celui-ci, qui avait pour titre *Vendôme en Espagne* et pour auteurs Empis et Mennechet, avait surtout pour but de célébrer la campagne militaire que le duc d'Angoulême venait d'accomplir en Espagne. Il était en trois actes et fut représenté le 5 décembre 1823.

C'était là, il faut le dire, du temps perdu pour bien peu de chose. Herold allait pourtant s'atteler, cette fois pour l'Opéra-Comique, à une besogne du même genre et d'un égal intérêt. Il s'agissait alors de célébrer la fête du roi, et c'est à sa date précise, le 24 août 1824, que ce théâtre représentait *le Roi René* ou *la Provence au quinzième siècle*, opéra-comique en deux actes, paroles de Belle et Sewrin, musique d'Herold. Celui-ci fut rejoué deux ans plus tard, toujours pour la fête du souverain ;

seulement, comme le roi Charles avait alors succédé au roi Louis, c'est cette fois le 4 novembre (1826) que *le Roi René* reparut sur l'affiche. Herold avait, dit-on, employé dans sa partition quelques mélodies provençales arrangées par lui avec un goût rare.

Et nous arrivons à un déboire cruel pour le compositeur. Le 21 mai 1825, l'Opéra-Comique donnait la première — et unique — représentation d'un petit ouvrage en un acte, *le Lapin blanc*, dont Herold avait écrit la musique sur un livret de Mélesville et Carmouche, et dont *la Pandore* nous faisait connaître le sort en ces termes : — «.... Fallait-il une grande délicatesse de goût pour sentir que *le Lapin blanc* devait être renvoyé aux théâtres où règnent exclusivement les bêtes. Le sujet de cet opéra ne pouvait réussir qu'aux Variétés, sous le titre de parade, et en étant assaisonné outre mesure de tous les agréments du genre. Un sujet burlesque traité avec une certaine mesure ne vaut rien, il reste ridicule sans être gai : c'est ce qui est arrivé à l'opéra nouveau.... Le goût a trouvé cette fois des vengeurs qui ont poussé peut-être un peu trop loin leur sévérité. Les sifflets du plus fort calibre ont poursuivi pendant presque toute la représentation le pauvre *Lapin blanc* et l'ont blessé à mort. » La chute, en effet, fut complète et irrémédiable. Cette représentation mouvementée fut la seule, je l'ai dit, et plus jamais l'infortuné *Lapin blanc* ne reparut sur l'affiche.

Le mécompte fut complet pour le malheureux compositeur, qui subissait d'une façon cruelle les fautes de ses collaborateurs. Son journal et sa correspondance nous le montrent, en ce moment, de nouveau en proie à l'une de ces crises de désespoir artistique si fréquentes à la fois et si douloureuses chez les grands créateurs. Il sentait qu'on n'usait pas de lui comme on eut pu le faire, qu'on ne lui donnait pas les moyens de manifester son génie, et il se désolait de perdre un temps qu'il aurait pu employer utilement pour le profit de l'art et du public et pour le sien propre. Une lettre qu'il adressait alors à Guilbert de Pixérécourt, directeur de l'Opéra-Comique, expose ses doléances d'une façon vraiment navrante et le rappelle à son souvenir. A ce moment, Pixérécourt était très occupé et très préoccupé par les études de *la Dame blanche*; celle-ci allait faire son apparition dans quelques semaines, d'avance et avec raison on en escomptait le succès, et l'œuvre était d'une telle importance qu'on ne pouvait guère songer à autre chose. Mais sans doute, une fois cette bienheureuse *Dame blanche* parue triomphalement devant le public, Pixérécourt se souvint-il d'Herold et de sa lettre. Ce qui est certain, c'est que c'est à partir de ce moment qu'il commença à être question de *Marie*.

Planard lui proposa le livret en trois actes de cet ouvrage, qu'il avait tiré, dit-on, d'un roman publié récemment par lui, *Almédan* ou *le Monde renversé* (1825). Herold accepta aussitôt, se mit au travail sans plus tarder, et l'ouvrage fut promptement prêt à être mis à l'étude.

Ce livret de *Marie*, à part quelques gaucheries et certains détails pouvant prêter au sourire, n'était point sans intérêt, et offrait au musicien une variété de sentiments et d'impressions que l'auteur lui avait ménagés avec habileté. Si le point de départ est un peu romanesque, l'intrigue, en somme, est bien menée, et les incidents sont de nature à toucher le spectateur. Le pathétique y côtoie le comique, les larmes se mêlent au sourire, et l'ensemble reste attachant et souvent ému. C'est cette émotion, qu'on ne lui avait encore jamais donné l'occasion de manifester, qu'Herold sut transporter dans sa musique et qui surtout en assura le succès. Pour la première fois il était appelé à prouver qu'il était un musicien non seulement scénique, mais vraiment dramatique, dans le sens le plus complet du mot, et n'eût-il écrit, pour le démontrer, que le duo si pathétique et le beau finale du second acte de *Marie*, que la preuve était faite et que chacun savait à quoi s'en tenir sur ce point.

Il est rare qu'un théâtre obtienne à la fois deux grands succès, deux succès éclatants. C'est pourtant ce qui se produisit à l'Opéra-Comique lorsque *Marie* y fit son apparition, le 12 août 1826. Trois jours auparavant, le 9 août, ce théâtre avait donné la centième représentation de *la Dame blanche*, dont la première datait seulement de huit mois, presque jour pour jour (10 décembre 1825). Eh bien, *Marie* triompha presque à l'égal de son aînée, et dans l'espace d'une année atteignit elle-même sa centième représentation. Et cependant, elle avait été jouée en pleine canicule d'un été dont la chaleur était absolument exceptionnelle.

FRAGMENT AUTOGRAPHE DE LA PARTITION DE *Zampa*.
(Bibliothèque de l'Opéra.)

Le succès fut complet en effet; la pièce sans doute y contribua pour quelque chose, mais la musique surtout enchanta le public par sa grâce, par la fraîcheur de son sentiment mélodique, en même temps que par son accent dramatique et par ce caractère de mélancolie touchante qui était comme l'essence même du génie d'Herold et que l'on devait retrouver bientôt à un si haut degré dans les nobles partitions de *Zampa* et du *Pré-aux-clercs*.

Tous les jolis fragments épisodiques de *Marie* devinrent rapidement populaires. La romance d'Henri : *Une robe légère*, celle d'Adolphe : *Je pars, demain il faut quitter Marie*, la gentille barcarolle : *Et vogue ma nacelle*, si gentiment harmonisée, le petit air si spirituel de Suzette : *C'est une amourette, j'ai passé par là*, un vrai bijou de grâce mutine, firent la joie de tous les spectateurs. Mais ceux qui ont le sentiment de la vraie beauté musicale applaudirent surtout comme elles le méritaient les grandes pages de cette partition dont le premier acte est tout empreint d'élégance, tandis que les deux autres, plus fermes, plus savoureux, se font remarquer par une ampleur incontestable. C'est au second qu'il faut signaler le duo passionné de Marie et d'Adolphe, l'air si profondément dramatique de Marie : *Je suis donc parvenue au comble du malheur*, aux accents presque déchirants, et le finale si émouvant et si puissamment mouvementé de l'orage, et au troisième, avec le quatuor pathétique du réveil de Marie, le très beau sextuor qui amène le dénouement, morceau de premier ordre, dont la construction très habile est basée sur les deux motifs d'orchestre qui ont été établis dans l'ouverture et que l'oreille retrouve, en ces conditions nouvelles, avec une véritable joie. Ce morceau magistral ne pouvait sortir que de la main d'un maître.

J'ai dit que *Marie* avait, dans l'espace d'une année, atteint sa centième représentation. Il va de soi que sa carrière ne s'arrêta pas là, et d'ailleurs sa première étape ne fut pas la seule. Après avoir laissé reposer l'ouvrage, on en fit une brillante reprise en 1845; dix ans plus tard, l'ancien Théâtre Lyrique du boulevard du Temple s'en emparait (14 septembre 1855), et après dix autres années, en 1865, l'Opéra-Comique en reprenait possession, si bien que le 7 octobre 1866 l'affiche de ce théâtre annonçait pour le même soir au public la 413e représentation de *Marie* avec la 885e du *Pré-aux-clercs*. C'était vraiment là le triomphe d'Herold. Cependant, depuis près de quarante ans il n'est plus question de *Marie*, qui a complètement disparu du répertoire.

C'est alors qu'il venait de donner triomphalement *Marie* à l'Opéra-Comique, qu'Herold abandonna les fonctions d'accompagnateur qu'il n'avait cessé de remplir au Théâtre-Italien pour passer à l'Opéra, où il était appelé en qualité de premier chef de chant, ayant pour seconds Schneitzhoeffer et Halévy. Il prit possession de cet emploi au mois de novembre 1826, et le conserva jusqu'à sa mort. L'Opéra se trouvait donc avoir sous la main un musicien de génie qui n'eut demandé qu'à travailler pour lui, ce qui avait toujours été son rêve et son désir. Qu'en fit-il, cependant? Dans l'espace de trois années il se borna à lui confier la musique de cinq ballets, lui faisant ainsi replier les ailes de son inspiration, l'obligeant à employer son temps et à gaspiller ses idées dans un travail où il fit preuve, d'ailleurs, de sa supériorité ordinaire, mais qui ne lui permettait pas de se montrer tel qu'il était et de déployer ses admirables facultés. Tout était alors pour Auber, qui donnait coup sur coup *la Muette de Portici, le Dieu et la Bayadère, le Philtre,* tandis que le pauvre Herold rongeait son frein, impuissant malgré lui et sans armes contre son heureux rival. Ceci, on le comprend, n'est point pour nier ou rabaisser le talent d'Auber. Mais si, à cette époque, la direction de l'Opéra avait compris celui d'Herold, qui venait de se produire avec tant d'éclat, et lui eût confié le poème d'un grand ouvrage, à la fois lyrique et passionné, pathétique et coloré, qui sait ce qu'il nous eût donné et jusqu'où il se serait élevé?

Quoi qu'il en soit, à peine Herold était-il entré en fonctions à l'Opéra, qu'il eut à écrire la musique d'un ballet en deux actes, *Astolphe et Joconde* ou *les Coureurs d'aventures.* Son début fut l'occasion de son premier succès en ce genre. Il faut dire qu'Herold, avec son esprit novateur, transforma bientôt la nature de la musique du ballet. Jusqu'à lui on n'accordait à cette musique, au point de vue de l'art, aucune espèce d'importance. C'est qu'elle ne présentait, en effet, rien d'original, et que l'artiste qui en était chargé ne se livrait à guère autre chose qu'un travail d'arrangement plus ou moins habile, plus ou moins ingénieux. Il se bornait à chercher et à coudre ensemble un certain nombre de motifs connus, des airs populaires, de simples ponts-neufs, qui, par le souvenir des paroles qu'on leur connaissait, indiquassent au spectateur, d'une façon presque précise, la situation scénique, de telle sorte qu'il pût la comprendre facilement et sans se tromper. C'était plutôt, en réalité, de la musique de simple pantomime que de la musique de ballet. Herold en vint, progressivement, à changer tout cela. L'heureux choix des motifs fut d'abord l'objet de ses préoccupations; puis, avec sa science de l'orchestre, avec la délicatesse et l'élégance de ses harmonies, leur arrangement prit une physionomie toute particulière et une incontestable distinction, et l'on peut ajouter que les idées personnelles qu'il savait associer aux airs employés donnaient à ceux-ci un montant et un piquant inconnus jusqu'alors. Et enfin, peu à peu abandonnant le vieux système des airs connus, il en vint à faire de la musique de ballet une œuvre essentiellement originale, qui, avec sa richesse mélodique, avec le sentiment scénique qu'il possédait à un si haut degré, la transforma complètement et lui fit le plus grand honneur. Adolphe Adam, qui s'y connaissait, car, sous ce rapport, on peut dire que l'auteur des jolis ballets de *Giselle*, d'*Orfa* et de *la Fille du Danube* profita de ses leçons, Adolphe Adam le constatait ainsi dans la trop courte notice qu'il lui a consacrée : « Dans ce genre de musique, Herold n'avait point de rival. Tous ceux qui feront de la musique de danse chercheront à la faire aussi bien que lui. Aucun ne pourra la faire mieux. »

C'est le 29 janvier 1827 que l'Opéra donnait avec succès la première représentation d'*Astolphe et Joconde*. Voici la liste des autres ballets qu'Herold donna ainsi coup sur coup : *la Somnambule* ou *l'Arrivée d'un nouveau seigneur*, trois actes, de Scribe et Aumer, 2 juillet 1828 ; la *Fille mal gardée*, deux actes, ancien scénario que Dauberval avait fait jouer en province, et qu'Aumer adapta à la scène de l'Opéra, 17 novembre 1828 ; et *la Belle au bois dormant*, quatre actes, de Scribe et Aumer, 27 avril 1829. *La Somnambule* surtout obtint un succès de vogue qui se prolongea pendant plus de cent représentations, grâce, d'une part, à l'exquise musique d'Herold, de l'autre, au talent profondément dramatique de sa principale interprète, Mme Montessu, qui ne se contentait pas d'être une danseuse habile et charmante, mais qui, comme mime, avait toutes les qualités d'une comédienne de premier ordre.

Tout en donnant à l'Opéra ses jolis ballets, Herold avait trouvé le temps d'écrire pour un drame en vers d'Ozannaux, *le Dernier jour de Missolonghi*, inspiré par la guerre de l'indépendance hellénique, une partition qui comprenait une ouverture, des chœurs et quelques autres morceaux. Il n'y a pas lieu d'insister au sujet de cet ouvrage, qui fut représenté à l'Odéon le 10 avril 1828. L'année 1829 fut pour lui très active, puisque, avec le ballet qu'il donna à l'Opéra, *la Belle au bois dormant*, il fit représenter à l'Opéra-Comique deux ouvrages, dont l'un, *l'Illusion* était en un acte, tandis que l'autre, *Emmeline*, en comptait trois.

Le livret de *l'Illusion*, qui avait pour auteurs Saint-Georges et Ménissier, était très dramatique, si dramatique même qu'il se terminait par le suicide de l'héroïne, qui se précipitait dans un gouffre. Assez peu vraisemblable, il n'était pas pourtant dénué d'intérêt, et, en somme, il fournit à Herold l'occasion d'écrire une partition remarquable, partition qui assura le succès complet de l'ouvrage et lui permit de parcourir une carrière de près de cent représentations, dont la première fut donnée le 18 juillet 1829. On signala surtout dans la musique un joli chœur tyrolien d'introduction, une romance chantée par Mme Pradher et Moreau-Sainti, un trio bien en scène et un finale excellent, largement développé, qui couronnait l'œuvre de la façon la plus heureuse. Quant à l'ouverture, c'était celle qu'Herold avait écrite dix ans auparavant pour *l'Amour platonique* et qui était restée inutilisée, l'ouvrage ayant été retiré par lui après la répétition générale.

Si le succès véritablement brillant de *l'Illusion* n'avait rien laissé à désirer à Herold et même à ses collaborateurs, il n'en fut pas de même d'*Emmeline*, qui parut à la scène quelques mois après, le 28 juillet 1829, avec le seul nom de Planard comme auteur du poème, bien que Scribe, qui probablement refusa de se laisser nommer en présence du fâcheux accueil fait à l'ouvrage, fût très certainement de la partie.

Le livret d'*Emmeline* n'était pas digne d'Herold, et le compositeur n'eut qu'un tort, celui de le mettre en musique. Elle était pourtant charmante, cette musique,

FRONTISPICES DE DEUX QUADRILLES DE STRAUSS ET DE MUSARD
SUR *le Pré aux Clercs* ET *Zampa*.
(Bibliothèque de l'Opéra.)

mais toutes ses qualités de grâce, d'élégance et de nouveauté restèrent cette fois impuissantes à vaincre les répugnances du public pour une pièce insipide.

Après *Emmeline*, je me bornerai à signaler sommairement un ouvrage en un acte, *l'Auberge d'Auray*, que l'Opéra-Comique mit à la scène dans le but singulier de présenter à son public miss Henriette Smithson, la célèbre tragédienne anglaise, dans des conditions absolument ridicules et qui aboutirent à un énorme *fiasco*. C'est évidemment au courant de la plume qu'Herold, en compagnie de Carafa, brocha la musique de ce petit drame, dont les auteurs étaient Moreau et d'Epagny, et qui fut représenté le 11 mai 1830. Cela n'a aucune importance, non plus, je pense, qu'un petit « ballet-tableau » en un acte, *la Noce de village*, qui avait été joué aux Tuileries, devant la Cour, quelques semaines auparavant, le 21 février, et dont je crois qu'il ne reste aucune trace [1].

VII

Nous voici arrivés à *Zampa*, l'œuvre admirable et puissante qui devait enfin placer Herold à son rang, c'est-à-dire au premier, vis-à-vis du public et des artistes. C'est Mélesville qui lui avait fourni le livret de cet ouvrage, dont les études se firent à l'Opéra-Comique sous le titre du *Corsaire*, et qui prit définitivement (on

[1] Ce petit ouvrage n'a jamais été catalogué dans l'œuvre d'Herold.

en était encore à la mode des sous-titres) celui de *Zampa* ou *la Fiancée de marbre*. On a dit et répété, non sans quelque raison, que le sujet de la pièce est une sorte de contre-partie de celui de *Don Juan*, y compris son caractère fantastique. Zampa est un sacripant, chef de pirates, qui, par des moyens infâmes, a obligé une jeune fille, fiancée à un homme qu'elle aime, à l'épouser lui-même, pour sauver la vie de son père, dont il s'est emparé et qui est son prisonnier. Au milieu d'une orgie qu'il fait avec ses matelots, Zampa a la fantaisie de passer son anneau de fiançailles au doigt de la statue d'une jeune vierge, qui ferme aussitôt la main lorsqu'il veut reprendre cet anneau. Un instant troublé par ce fait, le misérable n'en poursuit pas moins les apprêts de son mariage avec la belle Camille, et bientôt les noces s'accomplissent. Mais lorsque le soir, dans la chambre nuptiale, il veut revendiquer ses droits d'époux, l'infortunée, qui le hait et qu'il terrifie, veut échapper à son étreinte et s'enfuit. Il la poursuit, mais au lieu de l'atteindre il se trouve en présence de la statue vengeresse, qui le saisit dans ses bras et disparaît avec lui dans les profondeurs de la terre. Comme contraste à ce sujet dramatique, l'auteur a placé quelques épisodes comiques dus à la présence d'un couple qui traverse l'action d'une façon assez heureuse. En somme, le livret de *Zampa* rentre dans la catégorie de ce que les Allemands caractérisent du nom d'opéra romantique, et il était de nature à provoquer l'inspiration d'un musicien. Herold en a tiré un parti magnifique.

L'œuvre est pleine de noblesse, et aussi remarquable par la forme que par le fond, écrite de main d'ouvrier, et d'une richesse, d'une nouveauté, d'une élégance d'inspiration qui étonnent et subjuguent l'auditeur. Tantôt mélancolique et pleine de poésie, tantôt ardente et passionnée, parfois toute empreinte de verve et de sentiment comique, cette partition de *Zampa* présente, dans son unité, une variété d'accents, de tons et de couleurs dont bien peu d'artistes sont capables et qui décèle un créateur de premier ordre. Il semble bien qu'en elle Herold ait donné la formule exacte de son génie et établi ses droits à l'admiration de la postérité. Esprit essentiellement éclectique, il a su réunir à la chaleur nerveuse et aux couleurs brillantes de l'instrumentation de Rossini la suave rêverie et la poésie pénétrante de Weber, en y joignant, avec un souffle plein de vigueur, la grâce touchante et le profond sentiment pathétique qui distinguent l'école française et qui le caractérisent lui-même d'une façon si remarquable. De l'accord et de l'union de ces divers éléments résulte une indéniable originalité et un style d'une personnalité que nul ne saurait méconnaître.

La place me manquerait pour tracer ici une analyse détaillée de cette prodigieuse partition de *Zampa*. Je ne saurais pourtant me défendre d'en signaler au moins les pages les plus importantes. D'abord, toute l'introduction, qui, après l'éclatante ouverture, comprend un charmant chœur de jeunes filles, l'air si touchant de Camille : *A ce bonheur suprême je n'ose ajouter foi,* auquel on ne pourrait reprocher que ses vocalises finales, sacrifice d'alors à l'engouement rossinien, le chœur curieux des compagnons d'Alphonse, avec son accent inaccoutumé sur le temps faible, et les couplets de celui-ci, qui amènent le retour du premier chœur. Après cette introduction magistrale, vient la délicieuse ballade de Camille, si joliment accompagnée par les instruments à vent, et dont il faut remarquer les harmonies dissonantes qui donnent tant de saveur au troisième couplet. Puis, c'est l'amusant trio de la peur, morceau plein de verve, dont le rythme rapide et la forme syllabique ont été si souvent imités depuis ; le grand quatuor de l'entrée de Zampa, page grandiose et l'une des plus belles qui soient au théâtre, avec ses larges développements, sa couleur puissamment dramatique, l'accent spécial donné à chaque personnage, son orchestre vivant et mouvementé et sa strette d'une vigueur irrésistible ; et pour terminer cet acte si rempli, un finale monumental, divisé en plusieurs épisodes caractéristiques, parmi lesquels on retrouve, dans le chœur bachique des corsaires, la phrase saisissante du début de l'ouverture, et qui se poursuit avec les couplets de Zampa : *Que la vague écumante*, d'un si grand style, avec la scène admirable de la statue et le nouveau chœur des matelots terrifiés, pour aboutir à une conclusion d'une puissance et d'un effet indescriptibles. Le second acte s'ouvre par une suave prière à trois voix de femmes, que suit de près l'air célèbre de Zampa : *Il faut céder à mes lois*. Puis vient un charmant duo bouffe entre Rita et Daniel, qui se termine en trio par l'arrivée de Dandolo, et celui, délicieux, de Camille et d'Alphonse, dont le dessin obstiné d'orchestre, incessamment modulé, est du plus heureux effet. Ici encore, le finale, largement incidenté, construit de main de maître, est divisé en plusieurs parties comprenant, après le chœur de fête, la ronde devenue populaire de Zampa : *Douce jouvencelle*, la scène des fiançailles, coupée par la vision sinistre du bandit, et celle de l'arrivée d'Alphonse, dont l'intervention troublante amène une péroraison pleine de mouvement. Le troisième acte est court. Il ne renferme, avec la barcarolle chantée par Camille et Alphonse, avec le chœur rapide de la sérénade, que la scène finale entre Camille et Zampa dans laquelle celui-ci, en poursuivant sa victime, rencontre la statue fatale, qui l'entraîne avec elle dans l'abîme.

C'est le 3 mai 1831 que *Zampa* fit son apparition victorieuse sur la scène de l'Opéra-Comique, où il avait pour interprètes Chollet (Zampa), Moreau-Sainti (Alphonse), Juliet (Daniel), Féréol (Dandolo) et Mmes Casimir (Camille) et Boulanger (Rita).

Certains ont cru pouvoir affirmer que *Zampa* avait été accueilli avec froideur à son apparition, et ils ont donné pour preuve de cette prétendue froideur le nombre peu considérable de représentations obtenues par l'ouvrage dans sa nouveauté. En effet, *Zampa* ne fut joué que quarante-quatre fois en 1831, douze fois seulement en 1832, et il disparut de l'affiche jusqu'à la reprise qu'on en fit le 2 septembre 1835. Mais les raisons de ce fait ne résident point, comme on l'a pu croire, dans l'indifférence du public, et tiennent à des causes que personne n'a remarquées jusqu'ici. Au moment où *Zampa* était à l'étude à l'Opéra-Comique, ce théâtre continuait de subir la crise terrible qui pensa le faire sombrer. A la fin de mars 1831 son directeur, Boursault-Malherbe, en cédait le privilège à Lubbert, qui venait lui-même de quitter la direction de l'Opéra. Lubbert ferme alors le théâtre le 7 avril, pour faire exécuter dans la salle des réparations jugées indispensables, et il le rouvre le 3 mai, précisément par la première et éclatante représentation de *Zampa*. Dans le courant du mois de juin une indisposition de Mme Casimir, chargée du rôle de Camille, vient interrompre un instant la marche de la pièce, et aux derniers jours d'août Lubbert, se heurtant à de graves difficultés financières, ferme de nouveau le théâtre, qu'il ne rouvre que le 8 octobre. Ces difficultés se renouvelant et pour lui devenant insolubles, il abandonne la partie, et l'Opéra-Comique ferme une troisième fois ses portes dans la première semaine de décembre. Il ne renaît à la vie que le 14 janvier 1832, avec la 45e représentation de *Zampa*, sous la nouvelle direction de Laurent, ancien directeur des Italiens. Ainsi, dans l'espace de huit mois, et par suite de différentes causes, l'Opéra-Comique était resté silencieux pendant plus de quatre-vingt jours, et l'on comprend que la carrière de *Zampa* s'était, par ce fait, trouvée singulièrement retardée.

Ce n'est pas tout, Chollet, pour qui Herold avait

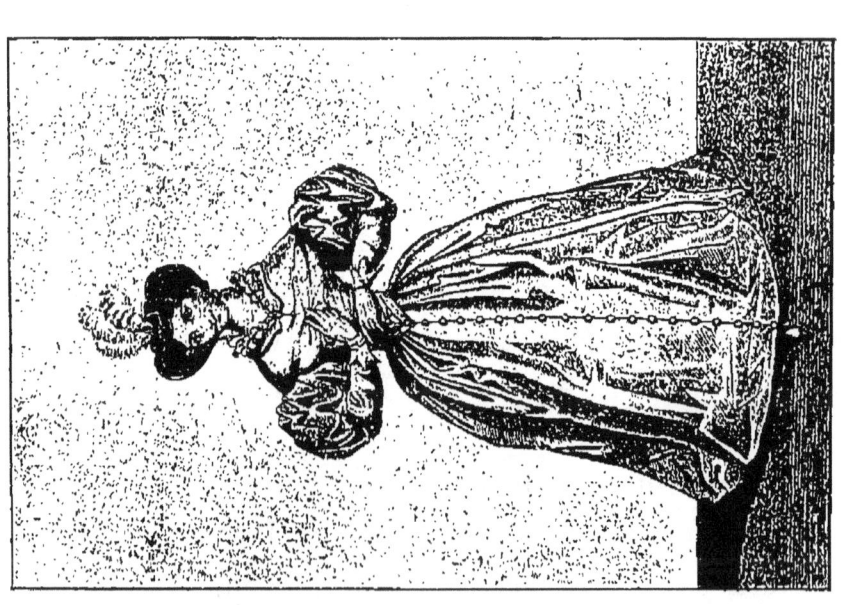

Mme CASIMIR DANS ISABELLE DU *Pré aux Clercs*.   THÉNARD DANS MERGY DU *Pré aux Clercs*.
(Collection Martinet, Bibliothèque de l'Opéra.)

expressément écrit le rôle de Zampa, fatigué de la persistance de la crise sous laquelle menaçait de périr l'Opéra-Comique, Chollet quittait ce théâtre pour s'en aller à celui de la Monnaie de Bruxelles, où il restait deux années, après quoi il se rendait à La Haye, pour ne faire sa rentrée à Paris qu'en 1835. Or, *Zampa* sans Chollet était alors impossible. On sait que la voix de cet artiste, à peu près analogue à celle de Martin, était d'une étendue et d'un caractère exceptionnels, et tenait à la fois du ténor et du baryton. Martin était un baryton ténorisant, et Chollet était un ténor *barytonnant*. Aucun artiste n'aurait osé se charger après lui de ce rôle, auquel il avait donné d'ailleurs, tant comme chanteur que comme comédien, un relief extraordinaire, et c'est pourquoi, en dépit de tout, *Zampa* resta éloigné de la scène depuis le départ de Chollet jusqu'à sa rentrée [1]. Voici expliqué le nombre relativement restreint des représentations de l'ouvrage dans sa nouveauté. Toutefois, il est exact de dire que malgré sa haute valeur — et d'ailleurs son réel succès — *Zampa* n'exerça jamais sur le public la puissante attraction, le merveilleux prestige du *Pré-aux-Clercs*, peut-être par sa nature plus accessible aux masses. Je me garderai de chercher à établir ici un parallèle entre les deux œuvres. Ceux-ci préfèrent *Zampa*, ceux-là, et je suis du nombre, tiennent

[1] On remarquera que ce rôle si difficile de Zampa fut joué à l'Opéra-Comique tantôt par des ténors, tels que Masset, Barbot, Montaubry, tantôt par des barytons, tels que Soulacroix, MM. Melchissédec, Maurel, etc., tantôt par des artistes comme M. Lhérie, qui n'était ni l'un ni l'autre, mais qui, comme Chollet, tenait à la fois de l'un et de l'autre.

pour le *Pré-aux-Clercs* ; c'est affaire d'éducation, de tempérament, de sentiment artistique personnel, et cette sorte de préférence ne saurait, à mon sens, établir la supériorité ou l'infériorité de l'un à l'égard de l'autre. J'ai voulu seulement faire connaître, d'une façon certaine, les causes qui ont entravé, lors de son apparition devant le public, la carrière de *Zampa* [1].

D'ailleurs, la critique fut très généralement favorable à l'ouvrage, et si une note vraiment discordante se fit entendre au milieu d'un concert de louanges, elle est due à Berlioz, qui, il faut bien le dire, perdit en cette circonstance une excellente occasion de se taire. Berlioz, en vertu de son prix de Rome, se trouvait en Italie lors de la première représentation de *Zampa*, et par conséquent n'avait pas eu à en parler ; mais il était de retour à Paris lors de la reprise de 1835 et en possession du

---

[1] J'ajouterai qu'à l'étranger, cette carrière a été particulièrement et rapidement brillante. J'en trouve la preuve dans les quelques seuls renseignements que j'ai pu réunir à ce sujet. *Zampa* fut joué à Bruxelles dès le 10 avril 1832, précisément avec Chollet pour son début au théâtre de la Monnaie ; à l'Opéra impérial de Vienne le 3 mai de la même année, soit un an, jour pour jour, après Paris, et ensuite au théâtre Josephstadt : à Londres le même jour, 19 avril 1833, dans deux théâtres, en italien au King's Theatre, en anglais à Covent-Garden (plus tard il fut encore joué en français au théâtre Saint-James le 16 janvier 1850, en italien à Covent-Garden le 5 août 1858, et en anglais au Gaiety Theatre en octobre 1870) ; au théâtre du Fondo de Naples en 1833, et au San Carlo de la même ville le 2 août 1834 ; au théâtre Carignan de Turin le 28 septembre 1834 ; au théâtre impérial de Moscou, en russe, en 1834 ; à la Scala de Milan le 4 septembre 1835 (et plus tard, en janvier 1889, avec une seconde traduction et des récitatifs écrits par Franco Faccio) ; au théâtre San Carlos de Lisbonne, en italien, le 31 juillet 1839, le rôle de Zampa étant tenu par Salvatore Patti, le père de Mme Adelina Patti ; à la Fenice de Venise en 1843 ; à Madrid, en espagnol, en 1863 ; etc., etc.

feuilleton musical du *Journal des Débats*, où il bataillait déjà à tort et à travers. Il en profita pour, avec sa verdeur ordinaire, dire son fait au chef-d'œuvre d'Herold, qu'il traita, pour me servir d'une expression familière, de haut en bas, et en considérant son auteur comme un simple musicien de guinguette. Et l'on va voir qu'il n'y allait pas par quatre chemins :

« ... Je suis obligé, dit-il, de m'occuper de l'Opéra-Comique. J'ai lu et j'ai vu la pièce, donc le plus fort est fait. Il s'agit de *Zampa* ou *la Fiancée de marbre*. On va probablement me jeter la pierre si je dis ce que je pense de cette production tant vantée. Mais qu'importe ! Herold n'existe plus, et bien que, de l'avis de celui qui a retourné l'aphorisme, on doive des égards aux morts, je crois devoir la vérité à l'art, qui est vivant et progresse toujours. Ainsi, en un mot comme en cent, je n'aime pas *Zampa*. »

Voilà qui est net. Le critique n'est pas moins clair lorsqu'il prétend apprécier l'œuvre au point de vue du style et de la forme. Après avoir raillé, en les citant, certains vers de la pièce, qu'on peut lui abandonner volontiers, il écrit :

« Il n'y a au monde que l'Opéra-Comique où l'on puisse entendre de pareils vers : eh bien ! en général, la musique de *Zampa* n'a guère plus d'élévation dans la pensée, de vérité dans l'expression ni de distinction dans la forme. Seulement, il est bien sûr que l'auteur des paroles n'a attaché aucune importance aux rimes qu'il jetait au musicien, tandis que celui-ci s'est battu les flancs en maint endroit sans pouvoir s'élever au-dessus de son collaborateur. Du moins ai-je été affecté par cette musique absolument comme les poètes le seront par les lignes que je viens de citer. En outre, le style n'a pas de couleur tranchée ; il n'est pas chaste et sévère comme celui de Méhul, exubérant et brillant comme celui de Rossini, brusque, emporté et rêveur comme celui de Weber ; de sorte qu'à bien prendre, tout en participant un peu des trois écoles allemande, italienne et française, Herold, sans avoir un style à lui, n'est cependant ni Italien, ni Français, ni Allemand. Sa musique ressemble fort à ces produits industriels confectionnés à Paris d'après des procédés inventés ailleurs et légèrement modifiés ; c'est de la musique parisienne. Voilà la raison de son succès auprès du public de l'Opéra-Comique, qui représente à notre avis la moyenne classe des habitants de la capitale, tandis qu'elle obtient si peu de crédit parmi les amateurs ou artistes qu'un goût plus délicat, une organisation plus complète, un raisonnement plus exercé distinguent éminemment de la multitude. »

Puis, Berlioz éprouve le besoin de donner à Herold une leçon d'harmonie, en se livrant à l'examen de la partition de *Zampa* :

« L'ouverture me semble mauvaise pour la forme comme pour le fond... En outre, dans l'ouverture de *Zampa*, si on en excepte le premier *allegro*, qui a du feu et une certaine énergie sauvage, les mélodies ne sont ni bien neuves ni bien saillantes ; l'avant-dernière surtout, formée de petites phrases sautillantes, comme Rossini en a laissé tomber quelquefois de sa plume quand il était las de composer, me paraît vraiment misérable et sottement coquette. Je signalerai également dans l'ouverture le défaut qu'on remarque dans tout l'opéra : c'est l'abus des appogiatures, qui dénature tous les accords, donne à l'harmonie une couleur vague, sans caractère décidé, affaiblit l'âpreté de certaines dissonances ou l'augmente jusqu'à la discordance, transforme la douceur en fadeur, fait minauder la grâce et me paraît enfin la plus insupportable des affectations de l'école parisienne. Quant à l'instrumentation, je n'en saurais rien dire, sinon qu'elle est suffisante en général, mais qu'à la coda les coups de grosse caisse sont tellement multipliés, rapides et furibonds, qu'on est tenté de rire ou de s'enfuir [1]. »

Et voilà comme, quand on s'appelle Berlioz, on apprécie avec « indépendance » l'œuvre d'un musicien de génie [2]. Je crois inutile de m'étendre davantage à ce sujet, l'analyse que j'ai donnée moi-même de la partition de *Zampa* et le succès constant de l'œuvre en France et à l'étranger, particulièrement en Allemagne,

[1] *Journal des Débats*, 27 septembre 1832.

[2] A rapprocher de ce jugement de Berlioz l'impression donnée sur *Zampa* par Wagner dans son Autobiographie ; les deux font la paire : — «... Ma symphonie terminée, écrit l'auteur des *Nibelungen*, je me mis en route pour Vienne, pendant l'été de 1832, sans autre but que de faire une connaissance rapide avec cette cité musicale, autrefois si vantée. Ce que je vis et entendis là m'édifia peu ; partout où j'allais, c'était *Zampa* ou des *pots-pourris* de Strauss sur *Zampa*, deux choses qui, surtout alors, m'étaient en abomination. » — (Voy. RICHARD WAGNER : *Souvenirs*, traduits par Camille Benoît, pp. 15-16).

me dispensant d'insister sur les aberrations de Berlioz, qui était plus heureux en écrivant ses œuvres qu'en critiquant celles de ses contemporains.

C'est quelques semaines seulement après la représentation de *Zampa* qu'Herold improvisa en peu de jours une composition superbe, un chant funèbre et patriotique destiné à célébrer le premier anniversaire de la révolution de juillet et à glorifier les morts des trois journées dans une cérémonie solennelle qui devait avoir lieu au Panthéon. C'est le 6 juillet 1831 qu'une ordonnance du roi Louis-Philippe établissait que « les journées des 27, 28 et 29 juillet seront célébrées comme fêtes nationales, » et qu'une cérémonie aurait lieu le 27 au Panthéon; le programme des fêtes était publié peu de jours après, annonçant qu' « un hymne funèbre composé pour cette circonstance sera exécuté, » et l'on sut bientôt que les paroles de cet hymne, écrites par Victor Hugo, seraient mises en musique par Herold. Je disais donc bien que cette musique était improvisée, car c'est le 18 juillet seulement que Victor Hugo envoyait ses vers à Herold. Il restait donc juste neuf jours au compositeur pour écrire son œuvre, en diriger les études et la faire exécuter.

Il va sans dire pourtant qu'Herold fut prêt au jour fixé. Sa composition, intitulée *Hymne aux morts de juillet*, était écrite pour voix seule et chœurs, et c'est l'admirable Adolphe Nourrit qui était chargé, dans la cérémonie du Panthéon, de chanter les solos. L'œuvre produisit, et cela devait être, une impression profonde,

MÉDAILLON D'HEROLD
Par David (d'Angers).

PORTRAIT D'HEROLD
D'après un dessin (inédit) d'Eugène Giraud,
Appartenant à la famille.

car elle porte bien la griffe du maître, qui avait été noblement inspiré par les vers puissants de Victor Hugo. J'ai là, sous les yeux, la partition de cette mâle composition, et je puis voir à quel point elle est grandiose, enflammée et empreinte d'un souffle majestueux. Écrite pour être exécutée par de grandes masses, dans un vaisseau immense, le musicien y a renforcé l'orchestre ordinaire, en mettant quatre clarinettes au lieu de deux, quatre trompettes au lieu de deux, huit cors au lieu de quatre, et quatre bassons au lieu de deux, et en augmentant la puissance de ses basses à l'aide d'un *violone* et d'un ophicléide. Le chant de la strophe, qui est en *ut* mineur, débute, après deux lourdes tenues faites à l'unisson par tous les instruments à vent sur la tonique et sur la dominante, par une phrase pleine de noblesse et de douleur, effleure un instant le ton de *mi* bémol, puis, sur ce vers : *Et comme ferait une mère*, prend celui d'*ut* majeur, qui bientôt doit donner au refrain une ouverture et un éclat superbes. Lorsque le chœur, soutenu par toutes les forces d'un orchestre immense, attaque ce refrain d'une étonnante puissance d'expansion et d'une inexprimable franchise, il y a de quoi faire frémir et frissonner d'admiration jusqu'aux plus froids et aux plus indifférents, et l'explosion finale, avec le *la* bémol déchirant des premiers *soprani*, qui prépare la cadence sur le temps fort de la dernière mesure, produit un effet indescriptible[1].

[1] On se rappelle qu'après un demi-siècle d'oubli, l'*Hymne aux morts de Juillet* a été remis en lumière et exécuté il y a vingt-cinq ans, à l'occasion de la fête du 14 juillet, avec un succès éclatant. Depuis lors, une ou deux autres exécutions en ont eu lieu.

Pendant qu'il écrivait cet hymne à l'accent mâle et superbe, Herold prenait part, avec huit de ses confrères, à la composition, j'allais dire à la confection d'un ouvrage en trois actes, *la Marquise de Brinvilliers*, dont le poème, dû à Scribe et à Castil-Blaze, avait, sur le désir étrange de la direction, été mis ainsi en musique par neuf artistes différents : Auber, Batton, Berton, Blangini, Boieldieu, Carafa, Cherubini, Herold et Paër. Cet ouvrage, qu'on pourrait qualifier d'arlequin musical et qu'il me suffit de mentionner ici, fut représenté le 31 octobre 1831 et obtint une apparence de succès, dû surtout à la singularité de son enfantement, qui piquait tout naturellement la curiosité du public.

A ce moment, Herold mettait la dernière main à sa partition du *Pré-aux-Clercs*, mais justement, l'existence même de l'Opéra-Comique allait être remise en question, et l'on pouvait se demander si ce théâtre cher au public n'allait pas être condamné à disparaître sans retour. Un vent de tempête soufflait sur lui, sous lequel il semblait devoir sombrer irrémédiablement. L'année 1832 allait être fatale aux théâtres, même à ceux qui n'étaient pas, comme lui, dans une situation depuis si longtemps difficile et troublée. Deux événements, le choléra, qui, au mois de mars, vint affoler Paris par son apparition foudroyante et meurtrière, et l'émeute qui, les 5 et 6 juin, ensanglanta les rues de la capitale, portèrent le coup de grâce au malheureux Opéra-Comique, qui pour la sixième fois vit se fermer ses portes. Les pauvres artistes, ne sachant que faire, s'en allèrent donner quelques représentations d'abord à l'Ambigu, ensuite au Cirque Franconi, mais ils eurent bientôt fait de constater l'inutilité de leurs efforts. Pendant ce temps, l'administration supérieure retirait le privilège du théâtre aux actionnaires de la salle Ventadour, où il était placé depuis plusieurs années, et l'offrait aux artistes, en les engageant à se remettre en société, comme au temps jadis. Malgré leur répugnance, ceux-ci finirent par accepter, en se mettant sous la conduite d'un des leurs, Paul Dutreilh. Mais il fallait une salle. Justement, celle des Nouveautés, place de la Bourse, se trouvait vacante par suite de la récente débâcle de ce théâtre. Ils s'en emparèrent, et rouvrirent l'Opéra-Comique dans cette salle aux derniers jours de septembre 1832, avec le concours de leur ancien camarade Martin, qui, bien que retiré depuis plusieurs années, n'hésita pas à leur venir en aide en cette circonstance. Mais ils n'avaient aucune nouveauté à offrir au public. Ils avaient demandé à Herold, qui la leur avait volontiers accordée, sa partition du *Pré-aux-Clercs*. Seulement, il fallait le temps de monter un ouvrage de cette importance, et que faire, en attendant? Herold vint de son côté à leur secours en écrivant avec rapidité, au courant de la plume, si l'on peut dire, la musique d'un petit opéra en un acte, *la Médecine sans médecin*, sur un livret de Scribe et Bayard. Ce petit ouvrage fut improvisé, mis en scène et représenté en moins de trois semaines; le 15 octobre 1832 il était offert au public, qui l'accueillait très favorablement, bien que le poème fût loin d'être excellent; mais la musique était charmante, et préludait de la façon la plus heureuse au nouveau triomphe qu'Herold allait remporter.

Enfin, le 15 décembre 1832, deux mois, jour pour jour, après la représentation de *la Médecine sans médecin*, un long cri d'enthousiasme et d'admiration, une acclamation immense et unanime, partant de tous les points de la salle de l'Opéra-Comique, accueillait celle du *Pré-aux-Clercs*, dont le troisième acte, chef-d'œuvre dans un chef-d'œuvre, s'achevait au milieu des hourras, au bruit des applaudissements frénétiques d'une foule mise hors d'elle par une telle accumulation de beautés et secouée par une émotion qu'elle eut en vain cherché à contenir. Le dernier accord entendu, tous les assistants, sous le coup de cette émotion indescriptible, s'étaient levés spontanément, les regards tournés vers la scène, dont le rideau venait de tomber, et battant des mains avec rage; debout et frémissants, ils demandaient avec instances, bien que celui-ci ne fût un mystère pour personne, le nom de l'artiste dont le génie venait de se manifester devant eux avec tant d'éclat dans une œuvre dont la splendeur étonnait ceux-là même qui avaient en lui la plus grande confiance et s'imposait aux plus indifférents. Et lorsque, le rideau relevé au milieu de ce brouhaha, Thénard, qui avait rempli le rôle de Mergy, fût venu jeter à cette salle en délire les noms du librettiste et du compositeur, deux mille spectateurs, poussant la même acclamation, réclamèrent d'un seul cri la présence d'Herold sur la scène, en renouvelant leurs applaudissements avec une sorte de fureur. Hélas! ceux que son génie avait si profondément touchés ne se doutaient pas de la situation de l'infortuné musicien, que ce triomphe trouvait à moitié mourant! Thénard revint au bout de quelques instants, et d'une voix tremblante de douleur, adressa au public ces quelques mots : — « Mesdames et messieurs, M. Herold est hors d'état de se présenter devant vous. » Herold, en effet, souffrant depuis longtemps déjà, et d'ailleurs brisé de fatigue, n'avait pu résister à l'émotion que faisait naître en lui ce succès sans précédent. A bout de force et pris d'une crise violente, il était tombé sans connaissance dans les bras de ceux qui l'entouraient, crachant le sang avec abondance. On dut en toute hâte le ramener à son logis, et le coucher aussitôt dans le lit qu'il ne devait presque plus quitter.

Mais n'anticipons pas sur les événements.

On sait que Planard avait pris le sujet du *Pré-aux-Clercs* dans le livre si curieux et si vivant publié par Mérimée sous le titre de *Chroniques du temps de Charles IX*. Il y avait là dedans la matière de dix œuvres scéniques. Les auteurs dramatiques ne m'en voudront pas si je constate que plus d'un s'en est aperçu. Le plus heureux fut assurément Planard, qui en tira l'excellent livret du *Pré-aux-Clercs*, arrangé avec beaucoup de goût, d'expérience et d'intelligence. Certaines scènes, à la vérité, sont absolument calquées sur les épisodes du livre de Mérimée, et n'ont pas donné grand mal à Planard. Il n'en reste pas moins que la pièce est très bien construite, pleine d'intérêt, et merveilleusement coupée pour la musique.

La scène, on se le rappelle, se passe soit au Louvre, où Marguerite de Valois, femme du roi de Navarre, est retenue comme prisonnière par son frère Charles IX, soit au Pré-aux-Clercs, où se produit le dénouemnt tragique de l'œuvre. Marguerite garde auprès d'elle une belle et noble fille du Béarn, Isabelle, dont un jeune Huguenot son compatriote, le baron de Mergy, envoyé par son roi à la cour de France, est depuis longtemps épris, et qui partage son amour. Celui-ci a pour rival auprès d'elle un courtisan, le comte de Comminges, bretteur acharné et protégé de Charles IX. Les deux hommes se devinent et se haïssent. Une querelle inévitable surgit entre eux, rendez-vous est pris au Pré-aux-Clercs, et Comminges, qui d'ordinaire ne manque jamais son homme, est tué par Mergy à la première passe. Isabelle sera l'épouse de Mergy.

Fort adroitement, Planard a su communiquer à son livret la couleur que Mérimée avait si vivement imprimée à sa *Chronique*. Nous sommes bien là en pleine époque de la Renaissance, et Herold l'a de son côté si bien compris et rendu qu'on pourrait qualifier sa partition d'opéra historique. Ce que Meyerbeer devait faire quatre ans plus tard dans *les Huguenots*, il l'a fait, lui, dans *le Pré-aux-Clercs*. Qu'on voie la scène des reîtres avec Mergy au premier acte, l'épisode superbe de la présentation de celui-ci au second et le troisième en son entier, et que l'on dise si ce n'est pas là une peinture

LA TOMBE D'HEROLD AU PÈRE-LACHAISE
(Lithographie de C. Lassalle, Bibliothèque de l'Opéra.)

exacte, un tableau frappant de vérité, aussi complet en son genre que ceux, si nombreux, que nous ont laissés de cette époque tant de peintres et tant d'écrivains.

Comment analyser une œuvre si exquise, si variée, si complète, à laquelle on ne peut reprocher ni un écart ni une faiblesse, et où la grâce et la gaîté d'une part, l'élégance et le sentiment poétique de l'autre, se mêlent et contrastent d'une façon si heureuse avec les inspirations les plus vigoureuses, parfois les plus pathétiques et les plus poignantes, le tout en un style irréprochable, dans la langue la plus pure et la plus châtiée, voire la plus savante, sans que jamais elle cesse d'être vraiment et essentiellement musicale? Pour moi je ne connais rien, dans le genre de l'opéra-comique français, de supérieur ou même d'égal à la partition du *Pré-aux-Clercs*[1].

L'ouverture, très vigoureuse et d'un plan superbe, qui débute par un sujet de fugue très serré, peut compter au nombre des plus belles du répertoire français. Le rideau se lève sur un chœur vif et mouvementé, auquel succède bientôt un duo charmant de basse et de soprano, qui est une des perles de la partition. Après l'air d'entrée de Mergy : *O ma tendre amie*, vient la scène si

---

[1] Certain critique écrivait récemment, à propos des concours du Conservatoire : — « Quoi? il y a donc encore, en 1905, des concours d'opéra-comique?... » Ces jeunes iconoclastes voudraient rayer d'un trait de plume tout ce qui, depuis un siècle et demi, fait la gloire de l'art musical français. Pour eux, rien n'existe de tous ces chefs-d'œuvre qui n'ont cessé de faire l'admiration non seulement du public français, mais des étrangers de tous pays : *Richard Cœur-de-Lion, le Déserteur, Montano et Stéphanie, les Deux Journées, Joseph, Joconde, la Dame blanche, le Pré-aux-Clercs* et tant d'autres. Pauvres musiciens, pauvres critiques !

vivante et si colorée des reîtres et leur querelle avec Mergy, interrompue par l'arrivée de Cantarelli, puis un finale important et très scénique, dans lequel se trouve insérée la délicieuse et célèbre romance d'Isabelle : *Rendez-moi ma patrie ou laissez-moi mourir*, dont l'accent mélancolique est si pénétrant, on pourrait dire si désespéré. Le second acte, qui ne le cède en rien au premier, s'ouvre par l'air d'Isabelle : *Jours de mon enfance*, si heureusement accompagné par le violon solo, air qui est sans doute un hors-d'œuvre et peut-être une concession au gosier d'une cantatrice, mais à qui sa grâce élégante ferait tout pardonner s'il avait besoin d'excuse. On trouve ensuite le trio exquis chanté par la Reine, Isabelle et Cantarelli, dont l'orchestre est enchanteur, et que suit de près la scène du bal, scène capitale, d'une construction superbe et d'un style magistral, où le récit de Mergy offre l'un des plus beaux modèles de déclamation musicale qui soient au théâtre, et qui, loin de chercher l'effet, s'éteint peu à peu, après un grand éclat, et diminue graduellement sa sonorité pour se perdre dans un *pianissimo* complet. Un grand finale scénique, qui n'est ni moins important ni moins bien venu, termine l'acte dans un vaste ensemble d'un grand souffle dramatique. Le troisième, je l'ai dit, est à lui seul un chef-d'œuvre, et l'on ne sait ce qu'il y faut le plus admirer, de son étonnante variété, de la richesse de son inspiration, de sa puissance pathétique, de sa couleur prodigieuse ou du rôle qu'y joue l'orchestre, sans compter l'habileté avec laquelle tous ces éléments sont fondus et réunis dans un ensemble dont l'harmonie et la solidité défient toute critique. Cet acte, dont la durée ne dépasse pas vingt-cinq minutes, présente un des tableaux les plus saisissants, les plus profondément émouvants qu'on puisse contempler au théâtre. Les épisodes s'y succèdent avec une rapidité vertigineuse, qui laisse le spectateur haletant, anxieux, oppressé, en lui enlevant pour ainsi dire la faculté de penser et de respirer. C'est, après la ronde de Nicette, dont le refrain est repris en chœur, le trio si merveilleux dans sa brièveté chanté par Mergy, Isabelle et la Reine, puis, celles-ci parties, la scène de Mergy et de Comminges et la fureur de ce dernier, prêt à se jeter sur son rival, l'arrivée et le chœur des archers, obligeant les deux combattants à aller plus loin vider leur querelle, le petit quatuor qui suit, l'épisode funèbre de la barque qui ramène le cadavre de Comminges, enfin l'explosion de joie d'Isabelle et son cri de bonheur en retrouvant Mergy vivant après la terreur qu'elle vient d'éprouver, — tout cela pressé, serré, tourmenté, tumultueux, dans un sentiment dramatique d'une intensité inouïe, produit une impression dont il est impossible de se faire une idée quand on ne l'a pas entendu, et tout cela est admirable et d'une beauté musicale incomparable [1].

[1] Dans cette scène de la barque que je viens de signaler, scène si dramatique et d'un caractère si étrange, Herold a employé un procédé particulier, qui est à lui seul un trait de génie, et qu'aucun critique n'a jamais fait ressortir, parce que peut-être aucun ne l'a jamais remarqué. (M. Gevaert, seul, l'a fait remarquer dans son *Traité d'instrumentation*.) Le trois temps : *L'heure nous appelle*, est écrit en *si* majeur, et l'on sait qu'il y a là un dessin mélodique lugubre confié aux altos et aux violon-

Le *Pré-aux-Clercs* eut pour premiers interprètes Thénard (Mergy), Lemonnier (Comminges), Féréol (Cantarelli), Fargueil (Girot), et Mmes Casimir (Isabelle), Ponchard (la Reine) et Massy (Nicette). C'est Javault, un brillant élève de Baillot au Conservatoire, qui exécuta le solo de violon de l'air du second acte[1]. Jamais succès ne fut à la fois plus complet, plus immédiat et plus prolongé. La 50e représentation avait lieu le 28 mars 1833; au 31 décembre de la même année on en comptait 152; le 11 octobre 1871 on célébrait la 1,000^e; le 10 septembre 1878 on donnait la 1.200^e, le 15 octobre 1881 la 1.300^e, le 17 avril 1886 la 1.400^e et le 22 janvier 1891 l'Opéra-Comique fêtait le centième anniversaire de la naissance

---

celles, dont la note caractéristique est le *si* naturel grave, placé un degré au-dessous de la note la plus basse que peuvent donner ces instruments. Qu'a fait le compositeur? Il a fait changer l'accord des altos et des violoncelles, qui, pour ce morceau, doivent baisser, leur quatrième corde d'un demi-ton, ce qui leur permet de donner le *si* naturel à vide. Cette note inaccoutumée, plus grave ainsi que celle qu'on a l'habitude d'entendre, étonne l'oreille par son étrangeté, et, de plus, est empreinte d'un caractère mystérieux et désolé qui concorde merveilleusement avec une situation si dramatique. D'autre part, la corde étant moins tendue, donne une sonorité molle et flasque qui semble imiter, surtout avec l'accent donné à la dernière note de chaque mesure, les ondulations de l'eau frappée par les rames, et qui, jointe à la contexture toute particulière du *motif*, produit une sensation étonnante et semble une véritable onomatopée musicale. Et voilà comment, avec tant de simplicité, Herold a trouvé l'un des effets les plus saisissants qui existent au théâtre!

[1] L'Opéra-Comique avait fait trois relâches pour les répétitions générales de l'ouvrage, les 7, 12 et 14 décembre. La première représentation avait lieu le 15; la seconde, affichée pour le 17, ne put être donnée par suite de la défection de Mme Casimir, comme on va le voir, et le théâtre dut faire de nouveau relâche; elle eut lieu le 22, avec Mlle Dorus dans le rôle d'Isabelle, que celle-ci continua de chanter les 24, 25, 27, 29 et 31 décembre et les 3, 5, 8, 10, 11, 15, 17 et 20 janvier 1833. Neuf jours s'écoulent, et Mme Casimir fait sa rentrée et reprend son rôle le 29; Herold était mort le 19!

d'Herold avec la 1.482ᵉ du *Pré-aux-Clercs*, précédé du premier acte de *Zampa*. Or, si depuis cette solennité ce théâtre a donné encore 107 représentations du *Pré-aux-Clercs*, ce qui en élève le chiffre total à 1.589, on peut regretter pourtant que depuis 1898 il l'ait complètement abandonné, de même que *Zampa*, qui depuis sa 682ᵉ représentation en 1895 n'a pas reparu devant le public. Il y a lieu de s'étonner du silence imposé à ces deux chefs-d'œuvre, aussi bien que de l'oubli qu'on fait du nom glorieux d'Herold, qui depuis sept ans n'a pas reparu sur l'affiche de l'Opéra-Comique, à la prospérité duquel il a si puissamment contribué. C'est là, me semble-t-il, une négligence fâcheuse, et qu'on ne saurait trop promptement réparer. A quand la 700ᵉ de *Zampa* et la 1.600ᵉ du *Pré-aux-Clercs* ?

Mais l'histoire du chef-d'œuvre, qui malheureusement se rattache d'une façon étroite à la mort d'Herold, ne se termine pas là. Mᵐᵉ Casimir, qui avait eu sa part du succès de l'interprétation, se refusa, par un caprice inconcevable et sous le prétexte d'une maladie qui n'existait pas, à paraître dans la seconde représentation, alors même que celle-ci était affichée. Rien, pas même la situation si grave et si inquiétante du compositeur, ne put faire fléchir sa résistance. N'y eut-il pas, dans ce refus singulièrement obstiné, une simple et odieuse question d'argent, ne voulut-elle pas, se sentant indispensable, mettre le succès à profit pour imposer à ses camarades sociétaires des conditions auxquelles ceux-ci étaient dans l'impossibilité de souscrire ? Ce qui me le ferait supposer volontiers, c'est une petite canaillerie dont, quelques semaines auparavant, elle s'était rendue coupable envers eux et que la *Revue musicale* faisait connaître en ces termes : — « Une représentation de *Jeannot et Colin* avait été annoncée au théâtre de l'Odéon pour le 1er novembre; cette représentation devait être donnée par les acteurs de l'Opéra-Comique, et Martin devait y chanter; mais Mme Casimir ayant refusé obstinément de jouer à l'Odéon sous prétexte qu'elle n'est engagée qu'au théâtre des Nouveautés, il a fallu renvoyer le public du faubourg Saint-Germain qui se pressait déjà en foule aux avenues du théâtre. *On assure que Mme Casimir ne demandait pas moins de mille francs pour jouer cette représentation.* » Quoi qu'il en soit, l'entêtement de Mme Casimir au sujet du *Pré-aux-Clercs* mettait le théâtre en désarroi et le compositeur dans la désolation, en arrêtant net les représentations d'un ouvrage dont la première avait été si triomphale. Dans ces circonstances, le docteur Véron, directeur de l'Opéra, agit en galant homme en offrant spontanément à l'administration de l'Opéra-Comique de mettre à sa disposition, pour remplacer l'artiste qui se dérobait indignement, l'une de ses pensionnaires, Mlle Dorus, qui elle-même faisait preuve de courage et de dévouement en se chargeant d'apprendre aussitôt le rôle d'Isabelle et de le chanter en quelques jours, ce qu'elle fit en effet, au moyen d'un véritable tour de force. Le malheureux Herold, en dépit de l'état de sa santé, fit lui-même un effort pour la faire travailler, et *en cinq jours* Mlle Dorus fut prête. Grâce à elle la seconde représentation, qui

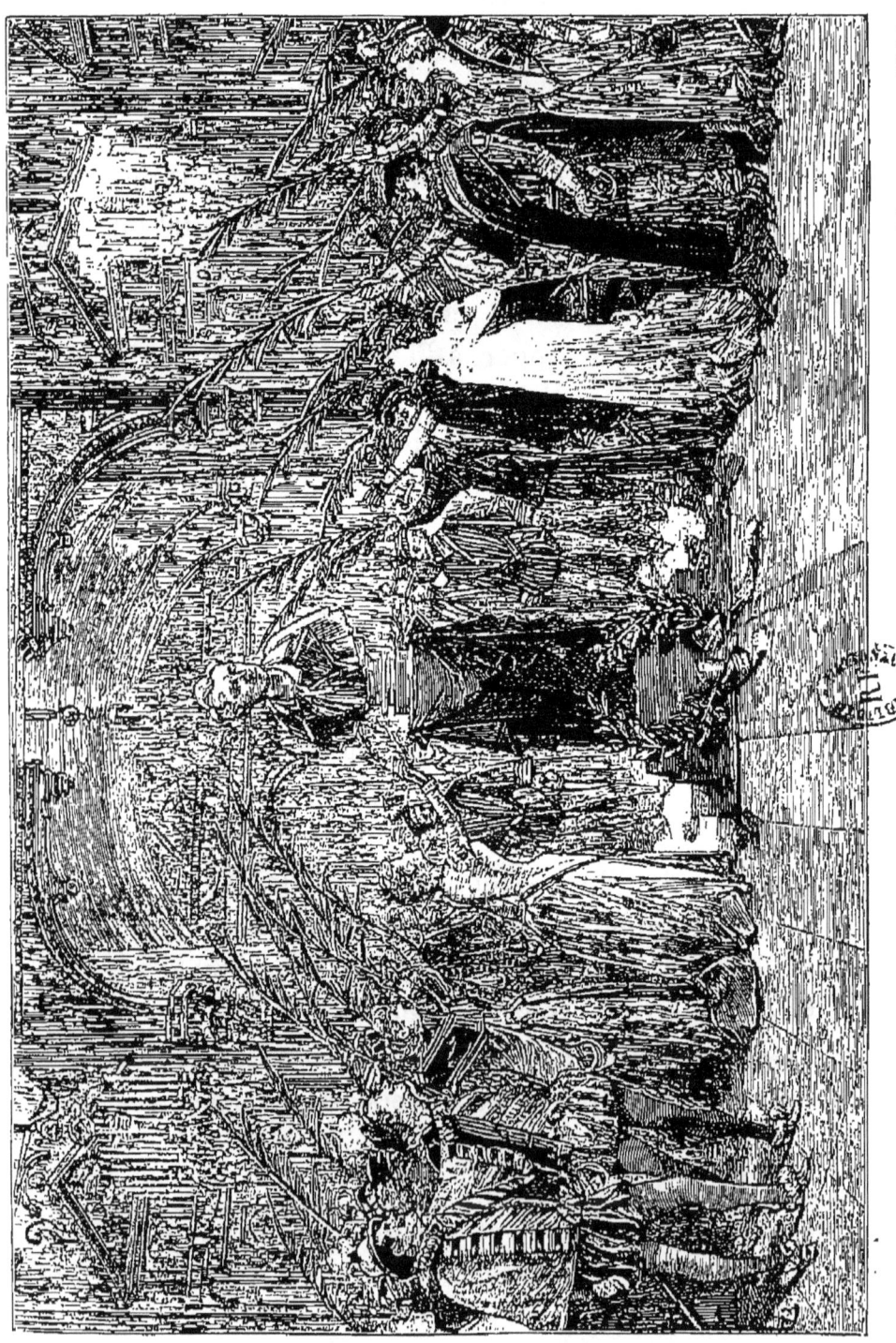

CÉLÉBRATION DU CENTENAIRE DE LA NAISSANCE D'HÉROLD, A L'OPÉRA-COMIQUE, LE 22 JANVIER 1891
(Publié par *l'Illustration*.)

avait été affichée pour le 17 et qui n'avait pu avoir lieu, put être donnée le 22 décembre, et la charmante artiste en fut récompensée par un succès éclatant.

L'incartade de Mme Casimir fit du bruit, comme on pense. Toute la presse s'en occupa, non sans la blâmer vertement, et la cantatrice crut devoir essayer de se défendre en publiant une lettre assez sotte où, en s'efforçant d'expliquer sa conduite, elle n'expliquait rien du tout. Le malheur est que sa façon d'agir en cette circonstance fut fatale à Herold et lui porta un coup terrible. Il était malade, nous l'avons vu ; mais le chagrin que lui causa l'interruption de son œuvre et l'inquiétude qui pour lui s'ensuivit, joints à l'effort qu'il dut faire pour mettre Mlle Dorus en état de jouer, alors que la tranquillité et le repos absolu lui eussent été indispensables, hâtèrent certainement les progrès de son mal, qui bientôt devinrent effrayants. Sa faiblesse augmentait chaque jour, et le 19 janvier 1833, cinq semaines, exactement, après l'apparition de son chef-d'œuvre, et dix jours avant l'accomplissement de sa quarante-deuxième année, l'auteur du *Pré-aux-Clercs* rendait le dernier soupir. L'administrateur de l'Opéra-Comique, Paul Dutreilh, l'annonçait à Charles Maurice, rédacteur du *Courrier des Théâtres*, par cette lettre qu'il lui adressait le soir même :

« Paris, le 19 janvier 1833.

« Herold est mort ! Notre affliction est profonde. Le public a permis de fermer le théâtre. Il était six heures et demie ; il s'est retiré religieusement. Demain, le chef-d'œuvre de celui que nous regretterons longtemps. Nous désirons lui rendre hommage ; nous voulons qu'il soit simple, sans annonces, sans démonstrations extérieures. Je demande quelques vers à Planard pour la fin du spectacle. J'espère qu'il me les enverra. Et Mme Casimir se pardonnera-t-elle de l'avoir affligé dans ses derniers moments ? Voici les dernières paroles qu'il m'a adressées : *Elle m'a fait bien du mal par son ingratitude !*

« Paul Dutreilh[1]. »

La cérémonie eut lieu, simple et digne, ainsi qu'il était convenu. Mais ce n'est pas Planard qui écrivit les vers ; peut-être ne s'en sentit-il pas le courage. Voici comment *le Courrier des Théâtres* racontait la soirée :
— « Hier, à la fin du *Pré-aux-Clercs,* tous les acteurs en deuil se sont réunis autour d'une urne couverte d'un crêpe et placée sur un piédestal portant le nom d'Herold. Ponchard a lu, d'un ton plein de convenance, des vers improvisés par M. Léon Halévy et qui ont été écoutés avec autant de recueillement qu'applaudis avec douleur. »

Le *Pré-aux-Clercs* ne devait pas être le dernier ouvrage qui fût représenté sous le nom d'Herold. Tout en s'occupant de celui-ci, il avait commencé la composition d'un opéra en deux actes, intitulé *Ludovic,* dont Saint-Georges lui avait fourni le livret. Il en laissait, en mourant, la partition inachevée. On résolut pourtant de

[1] Et Charles Maurice imprimait ceci : — « La maladie s'aggravant d'heure en heure, Herold s'écriait encore avant-hier dans son délire : *La voilà ! tenez, madame Casimir ! Ne la voyez-vous pas ?... Elle est au-dessus de ma tête !...* »

mettre cet ouvrage à la scène, et Halévy, son ami et son coadjuteur dans ses fonctions de chef du chant à l'Opéra, se chargea de le terminer. Herold n'avait écrit que l'introduction, des couplets de soprano, un trio, un chœur de buveurs et le dessin du finale du premier acte. Halévy instrumenta ces morceaux, fit tout le reste, et plaça en tête de la partition l'ouverture du *Lapin blanc*, restée complètement inconnue puisque celui-ci n'avait obtenu qu'une seule représentation. Dans ces conditions, *Ludovic* fut joué à l'Opéra-Comique, non sans quelque succès, trois mois après la mort d'Herold, le 16 mai 1833. Ce fut le dernier écho de son génie, écho bien affaibli, et qui n'est pas parvenu jusqu'à nous. L'ouvrage ne resta pas au répertoire.

VIII

Herold fut, sans conteste, le plus grand musicien français de la première moitié du xixe siècle, et son nom marque une date dans l'histoire de l'art national, dont il reste l'un des plus fiers et des plus glorieux représentants. Bien qu'en dehors du théâtre il ait écrit considérablement, et que ses compositions, tant vocales qu'instrumentales, soient loin d'être sans valeur (les productions, même secondaires, d'un tel artiste ne sauraient permettre l'indifférence), elles comptent pour peu dans l'ensemble de son œuvre [1] ; lui-même n'y attachait point

---

[1] Les pianistes, pourtant, sont loin de dédaigner les sonates et les concertos d'Herold, pour ne parler que de ceux-là.

d'importance, et il n'aurait certainement pas compris, il n'aurait pas aimé surtout, qu'on songeât à l'apprécier en dehors de son vrai domaine, le théâtre. C'est donc comme compositeur spécialement dramatique qu'il faut envisager le génie d'Herold, car c'est seulement en ce sens qu'il a manifesté ce génie dans toute sa splendeur.

Avec Herold, la musique dramatique, se dégageant des entraves qui la retenaient encore, prend son plein et entier essor : répudiant définitivement et pour jamais la « formule », à laquelle Boieldieu avait déjà porté les premiers coups, donnant à la pensée mélodique, avec son entière indépendance, toute la souplesse qui lui permet de se varier à l'infini et de peindre les sentiments jusque dans leurs nuances les plus délicates et les plus discrètes, elle élargit son vol, s'idéalise complètement et s'élance à la recherche de destinées nouvelles. C'est une évolution remarquable qui se produit ainsi, et dont on n'a pas assez fait ressortir l'importance. Sous ce rapport, que l'on compare les premières œuvres d'Herold, si charmantes cependant : *les Rosières, la Clochette*, et d'une grâce si séduisante, avec ses derniers chefs-d'œuvre: *Zampa, le Pré-aux-Clercs*, et que l'on mesure le chemin parcouru, qu'on voie la liberté, l'aisance, la flexibilité qu'il a su donner au discours musical, en en rajeunissant, en en renouvelant les formes et les contours [1].

Là, toutefois, ne se borne pas ce qui le caractérise.

---

[1] Il est juste de constater que dans cet ordre d'idées Auber, qui lui est inférieur à certains points de vue, a su marcher du même pas que lui.

Poète et rêveur, mais artiste en même temps pourvu du sentiment dramatique le plus précis et le plus intense, Herold se distingue, d'une part par la fraîcheur et l'abondance de l'inspiration, l'élégance des formes harmoniques, la variété des rythmes et la vivacité allègre de l'orchestre, de l'autre par le sens parfait de la vérité scénique, par sa puissance pathétique et sa tendresse pénétrante, surtout par une noblesse de style qu'il est rare de rencontrer à un pareil degré. S'il possède, comme on l'a dit, la mélancolie allemande et la verve brillante de l'école italienne, il les fond dans un ensemble de qualités bien françaises : la grâce, le goût et le parfait équilibre qu'il apporte dans l'expression de sa pensée et dans son exécution. C'est dans une série de chefs-d'œuvre que cet artiste merveilleux affirme et développe son génie primesautier, si personnel, si souple et si varié. Après les premières hésitations, dues à la recherche de son individualité, devenu sûr de lui-même et parvenu à la maturité il donne successivement *Marie*, chef-d'œuvre de grâce et de jeunesse, *Zampa*, chef-d'œuvre d'énergie et de passion, *le Pré-aux-Clercs*, chef-d'œuvre de tendresse et d'élégance, puis meurt au seuil de la quarantième année, trop jeune pour avoir pu remplir jusqu'au bout la mission qui lui semblait dévolue, mais après avoir assez fait pour sa gloire, et en laissant derrière lui ce sillon de feu qui marque le passage des êtres prédestinés.

Comme Weber, à qui il ressemblait par certains côtés, avec lequel il possédait tant d'affinités, comme Weber, dont il avait l'audace, la grandeur et la fierté, Herold a trop tôt disparu. Il nous a été enlevé au moment même où il prenait pleine possession de son génie, où il avait, avec l'expérience, conquis la faculté de le maîtriser et de le diriger, où il était prêt enfin à produire de nouveaux chefs-d'œuvre plus grands sans doute encore et plus parfaits que ceux qu'il nous a laissés. C'est bien à Herold, nature tendre, poétique et rêveuse, musicien pathétique, ardent et passionné, esprit tout ensemble méditatif et résolu, artiste au cœur toujours ému, vibrant et endolori, c'est bien au doux poète de *Marie*, au chantre vigoureux de *Zampa*, au peintre mélancolique du *Pré-aux-Clercs*, qu'on peut appliquer ces beaux vers de Lamartine :

> Notre oreille, enchaînée au son qui la captive,
> Voudrait éterniser la note fugitive ;
> Et l'âme palpitante asservie à tes chants,
> Cette âme que ta voix possède tout entière,
>   T'obéit comme la poussière
> Obéit, dans l'orage, aux caprices des vents.

Herold ne fut ni membre de l'Institut, ni professeur au Conservatoire, ni grand officier de la Légion d'honneur ; mais il a écrit plusieurs chefs-d'œuvre, il est une des gloires de l'art français, et il attend encore un souvenir et un hommage de ses compatriotes. Rameau a sa statue à Dijon, Lesueur à Abbeville, Boieldieu à Rouen, Auber à Caen, Gounod à Paris, ainsi que Berlioz et Ambroise Thomas, et cela est fort bien fait. Est-ce qu'on ne songera pas bientôt à élever une statue à Herold ?

APPENDICE

LISTE CHRONOLOGIQUE DES OPÉRAS D'HÉROLD

1815. — La Gioventu di Enrico Quinto, 2 actes, *Landriani* (Fondo, Naples, 5 janvier).
1816. — Charles de France ou Amour et Gloire, 2 actes [1], *de Rancé, Théaulon et Dartois* (Opéra-Comique, 18 juin).
1817. — Les Rosières, 3 actes, *Théaulon* (Opéra-Comique, 27 janvier).
— — La Clochette ou le Diable page, 3 actes, *Théaulon* (Opéra-Comique, 18 octobre).
1818. — Le Premier venu, 3 actes, *Vial et Planard* (Opéra-Comique, 28 septembre).
1819. — Les Troqueurs, 1 acte, *Achille et Armand Dartois* (Opéra-Comique, 18 février).
— — L'Amour platonique, 1 acte [2], *Auguste Rousseau*.
1820 — L'Auteur mort et vivant, 1 acte, *Planard* (Opéra-Comique, 18 décembre).
1823. — Le Muletier, 1 acte, *Paul de Kock* (Opéra-Comique, 12 mai).
— — Lasthénie, 1 acte, *de Chaillou* (Opéra, 8 septembre).
— — Vendôme en Espagne, 3 actes [3], *Mennechet et Empis* (Opéra, 5 décembre).
1824. — Le Roi René ou la Provence au XVᵉ siècle, 2 actes, *Belle et Sewrin* (Opéra-Comique, 24 août).
1825. — Le Lapin blanc, 1 acte, *Mélesville et Carmouche* (Opéra-Comique, 21 mai).
1826. — Marie, 3 actes, *Planard* (Opéra-Comique, 12 août).
1827. — Astolphe et Joconde, ballet, 2 actes, *Aumer* (Opéra, 29 janvier).
— — La Somnambule, ballet, 3 actes, *Scribe et Aumer* (Opéra, 10 septembre).

[1] En société avec Boieldieu.

[2] Non représenté. Retiré par Herold après la répétition générale à l'Opéra-Comique.

[3] En société avec Auber.

LISTE CHRONOLOGIQUE DES OPÉRAS D'HEROLD

1828. — Le Dernier Jour de Missolonghi, drame, 3 actes, *Ozaneaux* (Odéon, 10 avril).
1828. — Lydie, ballet, 1 acte, *Aumer* (Opéra, 2 juillet).
— — La Fille mal gardée, ballet, 2 actes, *Dauberval et Aumer* (Opéra, 17 novembre).
1829. — La Belle au Bois dormant, ballet, 4 actes, *Scribe et Aumer* (Opéra, 27 avril).
— — L'Illusion, 1 acte, *Saint-Georges et Ménissier* (Opéra-Comique, 18 juillet).
— — Emmeline, 3 actes, *Planard* (Opéra-Comique, 28 novembre).
1830. — La Noce de Village, ballet-tableau, 1 acte (Palais des Tuileries, 11 février).
— — L'Auberge d'Auray, 1 acte[1], *Moreau et d'Epagny* (Opéra-Comique, 11 mai).
1831. — Zampa ou la Fiancée de Marbre, 3 actes, *Mélesville* (Opéra-Comique, 3 mai).
— — La Marquise de Brinvilliers, 3 actes[2], *Scribe et Castil-Blaze* (Opéra-Comique, 31 octobre).
1832. — La Médecine sans médecin, 1 acte, *Scribe et Bayard* (Opéra-Comique, 15 octobre).
— — Le Pré aux Clers, 3 actes, *Planard* (Opéra-Comique, 15 décembre).
1833. — Ludovic, 2 actes[3], *Saint-Georges* (Opéra-Comique, 16 mai).

[1] En société avec Carafa.

[2] En société avec Auber, Batton, Berton, Blangini, Boieldieu, Carafa, Cherubini et Paër.

[3] Terminé par Halévy.

COMPOSITIONS D'HEROLD
EN DEHORS DU THÉATRE

Musique de chant.

Regrets des Braves, stances sur la mort de S. A. R. le duc de Berry.
Les Grandes Journées, chant national.
Hymne aux Morts de Juillet.
Le Chasseur des montagnes, romance.

Musique de piano.

1er et 2e Concertos, avec accompagnement d'orchestre, op. 25 et 26.
7 Sonates, op. 1, 3, 5 et 9.
9 Caprices, en trois suites, op. 4, 6 et 7.
Caprice avec accompagnement de quatuor, op. 8. — Caprice sur *la Clochette*, op. 12. — Caprice sur *la Médecine sans médecin*, op. 58.
11 Fantaisies brillantes sur des thèmes d'opéras (*Otello, Zelmire, Moïse, la Donna del Lago, le Freischütz, Marie, le Comte Ory*, etc.), op. 21, 23, 24, 25, 32, 33, 38, 39, 43, 45 et 49.
23 Rondos (originaux ou sur des motifs d'opéras), op. 14, 16, 17, 18, 22, 27, 29, 31, 34, 36, 37, 40, 41, 42, 44, 46, 47, 53, 54, 55, 57 et 59.
Variations (sur des thèmes divers), op. 2, 11, 19, 30, 35, 48, 56.
La Promenade sur mer, Fantaisie sur une barcarolle napolitaine, op. 15.
Polonaise sur *les Voitures versées*, op. 20.
Air de ballet, op. 50.
Allegro-bacchanale, op. 51.
Scène du ballet de *la Belle au bois dormant*, op. 52.
Divertissement sur *les Rosières*, op. 10.
Grande Bacchanale de Spontini, arrangée pour le piano avec accompagnement de violon, basse et tambour de basque (*ad libitum*), op. 13.

Musique instrumentale.

Air varié pour basson, avec accompagnement de deux violons, alto, basse, deux clarinettes et deux cors.
Trio concertant pour deux bassons et cor.

OEUVRES POSTHUMES[1]

Première et seconde symphonies, réduites, pour piano par Charles René (Rome, Naples, 1813, 1814).

Trois quatuors pour deux violons, alto et violoncelle (Naples, 1814). Publiés en parties séparées, puis en réduction pour piano par Charles René.

Troisième et quatrième concertos pour piano et orchestre. L'orchestre réduit pour un deuxième piano par Charles René (Rome, 1813).

Andante pour piano et violon, extrait du troisième concerto.

Trois sonates pour piano (septembre 1811).

Deux sonates pour piano et violon (juillet 1811).

Duo pour piano et cor, ou violoncelle, ou alto (décembre 1810). La partie de violoncelle arrangée par M. Charles René, la partie d'alto par M. Th. Laforge, toutes deux publiées à part.

Hymne à 4 voix sur *la Transfiguration*, paroles latines (Rome, juin 1813), Transcrit pour piano par Charles René.

Trois scènes lyriques (réd. pour piano de Charles René) :

La Duchesse de La Vallière (août 1812).

Hercule mourant, pour voix de basse (novembre 1811).

Alcyone, pour voix de femme (décembre 1811).

Canzonetta, sur paroles italiennes (avril 1813).

Romance, « Adèle a su toucher mon cœur » (1811).

En outre, Mme Clamageran a donné une nouvelle édition des sonates, op. 1 et 3, devenues introuvables dans le commerce, ainsi que de quatre sonates pour harpe et piano, avec accompagnement de violon et violoncelle, dédiées à Mme de Lusigny, chanoinesse de Leigneux, par son grand-père Joseph Herold. Enfin, elle a publié encore six sonates pour piano et violon (inédites) de Joseph Herold, et un trio pour piano, violon et violoncelle (inédit) de sa sœur, Eugénie Herold, fille de Ferdinand, née en 1832 et morte en 1852, à peine âgée de vingt ans. Ce trio avait été écrit par elle à l'âge de seize ans.

J'ajouterai qu'en souvenir de son père, Mme Clamageran a fait don, il y a deux ans, à l'Académie des Beaux-Arts, d'une somme de 60.000 francs, dont la rente constituera un prix qui sera attribué, chaque année, à l'élève musicien qui aura obtenu le deuxième grand prix de Rome.

---

[1] Publiées par la fille d'Herold, Mme Adèle Clamageran, avec le concours de M. Charles René, ancien grand prix de Rome.

TABLE DES GRAVURES

Herold, d'après une lithographie de Louis Dupré 9
Frontispice du livret imprimé des *Rosières*. 17
Costume de Simon dans le ballet de *la Belle au bois dormant*.
    d'après une aquarelle d'Eugène Delacroix. 33
Madame Pradher, principale interprète du *Muletier*, d'après la
    lithographie de Vigneron. 41
Mme Montessu dans *la Somnambule*, d'après une aquarelle d'Hippolyte Lecomte 49
Chollet dans *Zampa* (collection Martinet) 49
Costumes et indications de mise en scène de *Zampa*, d'après une
    lithographie coloriée du temps. 65
Fragment autographe de la partition de *Zampa*. 73
Frontispices de deux quadrilles de Strauss et de Musard sur *le
    Pré-aux-Clercs* et *Zampa*. 81
Mme Casimir dans Isabelle du *Pré-aux-Clercs* 89
Thénard dans Mergy du *Pré-aux-Clercs* 89
Portrait d'Herold, d'après un dessin (inédit) d'Eugène Giraud . . 97
Médaillon d'Herold, par David (d'Angers). 97
La tombe d'Herold au Père-Lachaise, lithographie de Lassalle . 105
Célébration du centenaire de la naissance d'Herold a l'Opéra-
    Comique, le 22 janvier 1891. 113

TABLE DES MATIÈRES

I. — Enfance et jeunesse d'Herold. — Ses études littéraires et musicales. — Élève de Méhul. — Il obtient le prix de Rome 5

II. — Séjour en Italie. — Il débute au théâtre en faisant représenter à Naples un opéra italien 15

III. — Il quitte l'Italie, parcourt l'Allemagne et revient en France 26

IV. — Débuts à l'Opéra-Comique. *Charles de France*, *les Rosières*, *la Clochette*, etc. — Succès et revers. 39

V. — *Le Muletier*. Herold et Paul de Kock. 60

VI. — Chute du *Lapin blanc*. — Grand succès de *Marie*. — Série de ballets à l'Opéra. 68

VII. — *Zampa*. — *Hymne aux morts de Juillet*. — *Le Pré-aux-Clercs*, son succès foudroyant, ses vicissitudes. — Maladie et mort d'Herold. 83

VIII. — Le génie d'Herold 117

APPENDICE

Liste chronologique des opéras d'Hérold. 121
Compositions d'Hérold en dehors du théâtre. 123
Œuvres posthumes. 124

www.ingramcontent.com/pod-product-compliance
Lightning Source LLC
Chambersburg PA
CBHW060200100426
42744CB00007B/1102